初中分层教育活动研究

主编　杨益民

天津科学技术出版社

图书在版编目（CIP）数据

初中分层教育活动研究 / 杨益民主编. —天津：天津科学技术出版社，2010.11

ISBN 978-7-5308-6132-5

I. ①初… II. ①杨 III. ①初中—教学研究 IV. ①G632.0

中国版本图书馆CIP数据核字（2010）第225570号

责任编辑:方 艳
责任印制:兰 毅

天津科学技术出版社出版
出版人:蔡 颢
天津市西康路 35 号 邮编 300051
电话（022）23332400（编辑室） 23332393（发行部）
网址:www.tjkjcbs.com.cn
新华书店经销
天津午阳印刷有限公司印刷

开本 850×1168 1/32 印张 3.5 字数 78 000
2010 年 12 月第 1 版第 1 次印刷
定价：30.00 元

总 序

学校是专门的育人场所，也可以说是学生成长过程中一个没有天花板的舞台。学校教育的好坏，直接影响学生的身心成长和未来发展。因此学校教育的意义即在学生心灵中播下人生意义的种子，给其一生的价值取向，令其激发自身最优潜能。

初中教育是为学生打基础的教育，是成就学生今天、铸就学生未来的最关键期的适应性教育。因此，真正的初中教育不能无视学生的现实生存处境和精神状况，一味追求“唯分数论成败”的选拔教育。良好的初中教育是适合学生身心发展的、激发学生内在学习动力的、追求全体学生发展的真教育、善教育、美教育。相对于其他阶段教育和社会发展而言，初中教育不仅是顺应性教育，而且是超越性教育。

顺应性教育，就是顺应学生身心发展、顺应学生所学知识结构变化的教育。通过阶段性的系统教育，教给学生工具性知能，锻炼其实践能力，培养其生存能力，以适应其生存环境的变化。

超越性教育，就是超越学生现阶段需求，以适应社会和未来发展为导向的教育，重在培养学生可能一生受用的习惯，并健全学生独立人格，使之不会完全为外部处境所同化，从而避免丧失分析判断能力，甚至最终丧失自我。

做好顺应性教育和超越性教育，关键在以下三个方面的达成，一是加强学校文化建设，通过人文情怀的陶冶与感动，加深学生对人生意义与价值的领悟，树立基本的人生信念；二是加强学校道德教育，通过理性启蒙，使学生充分认清其现实生存处境，并认清其来龙去脉、善恶曲直，增强分辨能力。三是通过规范的训练和合理的引导，使学生养成良好的习惯，树立良好的做人处事原则，特别是根据学生身心发展规律和知识推进的螺旋曲线，有目的、有计划、有针对性地开展引导和训练，让学校教育变成学生的自我成长教育和自我学习教育，从而让学生在不断发现自我中创造自我。同时学校教育也在达成的过程中，生成自己的育人模式，追求自己的办学特色，实现学校、师生同发展的良性互动。

铜陵市第十二中学，多年来重视初中生的学校教育有效性的研究和实践，尝试在初中各年级学生中开展有针对性的、小系统内循环推进教育，现总结并提炼出适合该辖区内生源特征的育人模式——分层教育模式，即初一抓学生的习惯教育，初二抓学生的心理教育，初三抓学生的学法教育。分层教育，循序渐进，相得益彰，突出重点，紧抓难点，解惑关键点。以养成初一学生好习惯为主线，以突破初二学生心理压力界点为主攻，以解决初三学习方法为主略，合理、分步实施对学生的有效教育，收到了良好的教育教学效果，提升了办学品位，提高了教育质量，走出了该校自己的“文化立校，特色育人，科研兴校，管理强校”之路。

相信，第十二中学，在实施并不断完善分层教育模式的过程中，一定能更加重视对学校教育的针对性、有效性和有限性研究，提升办学理念，发展办学内涵，拓宽办学时空，整合教育资源，实现学校教育的全面发展，实现学生的最优化发展。

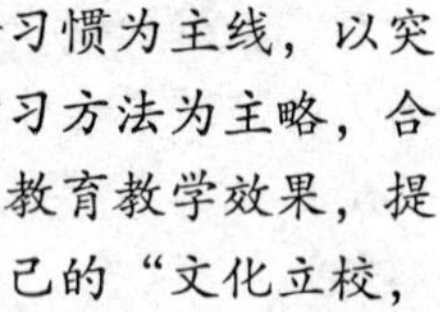

2009 年 12 月 28 日

前　言

“以人为本，与时俱进”是“以学生发展为本”的现代教育理念。发展是为了实现教育的终极目标，教育的目的就是为了促进人的发展。

毋庸置疑，我们就是在这个现代教育理念的指导下，针对长期困扰我们基础教育的一些陈规旧习，进行大刀阔斧的变革：实施素质教育，推进课程改革，构建先进的教学文化——符合素质教育要求、科学发展观、现代教育理念的教学价值观和行为。而决定教学文化的先进性，在于不断与时俱进吸纳科学理念，正视学生的现实，尊重、理解学生，唤醒学生的主体意识，激发学生自主学习的内在动力和生命力；在于师生员工的持之以恒、长期修炼，才能被激活，才能外显，才能变成现实的教育生产力。有了这种教育生产力，我们才能说，学生是实施素质教育、推进课程改革的最大受益者。

从2006年起，我们就处于生理、心理发育特殊时期的初中学生可塑性强、面临学科知识发生明显变化等特点，开始探索、实践有针对性的分层教育活动。经过四年的努力，逐渐形成铜陵市第十二中学的《初中分层教育模式》，即在初一年级，着重培养学生养成良好的行为习惯和学习习惯，完善对学生的“小升初衔接教育”；对初二年级学生着重开展积极心态教育，帮助学生克服“初二现象”，顺利越过“人生分水岭”；在初三年级，加大对学生学习方法的指导力度，帮助学生不仅要“学会”，更要“会学”，逐步进入“享受学习”的境界。通过这种有针对性的渐进式分层教育活动，为学生具备终身的“主动学习，积极探索，勇于创新”能力，为学生能适应社会发展需求，成为可持续发展的人才而奠定厚实的基础。

整理四年来的分层教育活动体会，编写这本书的意图是公示我们的做法，接受社会各界的监督与指正，在与专家、学者、同行的交流中，汲取精华，不断完善我们的教育模式，以求高效达到我们的教育目标。

杨益民

2009年12月26日

目　录

第一篇　初一年级学生良好习惯教育

大家知道，习惯的重要性可以说仅次于天性，习惯对人一生的影响是非常巨大的。英国萨克雷曾说过："播种行为，收获习惯；播种习惯，收获性格；播种性格，收获命运。"所以习惯是行动的果实，这就显示了习惯培养的重要性。良好的习惯，不仅有助于学生形成良好的品德素质，而且有利于学生的健康成长。对学生良好习惯的培养就是对学生的"养成教育"，养成教育对于起始年级来讲尤为重要。因而，最近几年，我校一直注重抓学生的"两个习惯，两个教育"，即对学生的行为习惯、学习习惯的培养和学生的心理教育、学习方法教育，初一年级组从开学初就着手对新生进行养成教育。

一、学生现状分析

初一大部分学生有上进心，懂文明礼貌。但从总体上看，学生在行为习惯和学习习惯上或多或少存在一些看似很小的问题。

1.行为习惯方面：讲粗话、讲脏话，随地吐痰，乱扔纸屑；自我意识太强，为他人着想少，公共场合乱说乱动；下课在教室、走廊上起哄玩耍，吵闹声很大，甚至上课的预备铃声都听不见，待任课老师或值日班干部大声提醒以后方能安静；很多男生走路喜欢推推搡搡，有很大潜在危险；健康意识较差，无序饮食，无视健康饮食，如：一下课就有学生去买饮料或零食……

2.学习习惯方面：学习自觉性比较差，不懂得学习要有计划。做作业前不复习所学知识，作业不审清题意就下笔；不按规范作业，书写马虎；遇到困难不肯钻研，只会去问别人或找到答案一抄了之；边听音乐边做作业，边吃喝边做作业或边看电视边做作业；甚至有一小部分学生每天的课堂作业、家庭作业都完不成……书房学习环境脏、乱、差，学习用品乱堆放，经常找不到；平时的试卷、复习的讲义过一段时间就会毫无踪影；很大一部分学生不会合理安排时间，只是不分轻重缓急地忙于应付，不分昼夜地打疲劳战。

针对初一学生的现状，根据初一学生吸收、模仿能力强，可塑性大，易反复等特点，我校初一从新生入学开始用一个月时间，结合学校的一系列活动，展开了对初一学生的养成教育。第一阶段着重抓好学生的习惯教育。

二、学生行为习惯的培养

1.健全规章制度，制定明确的标准，让学生心中有标尺。“无规矩不成方圆”，井然有序的大环境离不开规章制度的限定和导向。因而，从学生入学那天开始，学校就通过入学教育及班会课组织学生学习《中学生守则》《中学生日常行为规范》以及学习学校制定出的具体的规章制度，如《铜陵市第十二中学学生文明礼仪》《铜陵市第十二中学学生一日常规》《铜陵市第十二中学对违纪学生的纪律处分规定》等，给学生以明确的行为标准， 让学生明确应该做什么，不应该做什么。

2.身先示范，从小事入手。从初一新生“准军训”开始，初一年级的各位班主任老师着手抓好每一件小事，从扫好每一片地、排好每一辆自行车、洗好每一把拖把、擦好每一块瓷砖、擦亮每一块玻璃开始，从讲要求到亲身示范，耐心地一遍又一遍教、督促。让学生明白“一屋不扫，何以扫天下” “一事不为，何以体验生活”。另外，我们还严格按照《铜陵市第十二中学学生一日常规》的要求，从学生从进校门到升旗仪式、两操、爱护公物等方面进行不断的训练、引导和规范，师生同学、同做，互相监督，实施效果好。

3.营造养成良好习惯的氛围。各种规章制度，或多或少带有一定的强制性，而这些规范性的要求只有让学生熟知深解，才能让学生在日常生活中不断对照和逐渐纠正自己不良的思想和行为，从而养成合乎要求的好习惯。首先充分利用各种宣传工具，在学期初，利用各班美化教室的机会，在教室墙壁悬挂一些名人名言、警句，如“养成良好习惯会使你终身受益”等，并通过各班学生的共同讨论，制定出各班的班级公约上墙，作为大家共同的行为准则，尝试自律教育；在走廊挂上对一些行为的具体要求，让学生不管走到哪里，都能看到对他们行为的具体的约束要求。其次，创设各种激励机制，让学生在各种激励下不断进行自我反省，不断进步，如校广播站及时播报先进消息、升旗仪式时优秀分子在国旗下演讲等。

在开学初，每一位学生签订了“行为规范承诺书”，每月总结一次，每月进行先进集体和先进个人的评比，先进集体有“星级班级”“月常规先进班级”；先进个人有“行规示范生”每班1个、“行规优秀生”每班5个、“行规进步生”每班2个，这都经过民主选举产生；同时还进行“单项先进集体”的申报与评比，每月初，各班通过集体讨论决定这个月本班要申报的项目，由本班学生代表签好名，提出具体要求，以此作为本班共同奋斗的目标。如果在本月某一单项没有被评为示范班，班主任就会动员学生在下一个月继续申报，因为这说明学生在这一方面还存在不足，需要通过不断的反复，来改正行为上的不足，这可激发学生的集体荣誉感。在班内，通过班级的学生“成长之路”“进步足迹”不断地激励学生。另外，在初一年级新开设的德育课、心理课，也是我们对学生进行养成教育的一个有力的德育渠道。总之，通过各种各样的上课形式，让学生从理论到实践，从他律到自律，不断优化自己的行为与品德。

4.家校结合，共同教育学生。养成教育离不开家长的通力合作，我们通过家访、校访、家长会、“三方对话本”，让家长了解《中学生日常行为规范》《铜陵市第十二中学学生文明礼仪》《铜陵市第十二中学学生一日常规》《铜陵市第十二中学对违纪学生的纪律处分规定》等，从而了解学校对学生在仪表上、纪律上、学习上的一些具体要求，理解养成教育的重大意义和作用，进而积极配合做好养成教育工作。实现在校、在家一个样的良好行为习惯的教育目的。

通过以上一些教育活动，大部分学生见到老师及来访者，能主动行礼问好；讲究卫生，不乱扔果皮，见到纸屑随时捡；爱护公物，保护绿化；勤俭节约，不吃零食；注意安全，不玩危险的游戏，上下楼梯，注意谦让，行走靠右，保障畅通，逐步形成了良好的行为习惯。

三、学生学习习惯的培养

良好的学习习惯是取得优秀的学习成绩的可靠保证。重点在课前习惯、课中习惯、课后习惯、作业前习惯、作业习惯、作业后习惯、阅读习惯、考试习惯等的训练和培养。在开学初，我们有针对性地开展各科学习方法的指导。各备课组精心准备，根据学科特点进行指导，如英语的学习，要求开口朗读，将句型背熟，将单词记熟，单词靠读和写来记，不能是学哑巴英语。对数学学科，做完题目要将知识引申、扩展、深化，进行反思，同时在课堂教学中渗透学习方法，让学生尽快掌握；对语文学科，除要求同学们掌握好过硬的基本知识外，还要求同学们多阅读课外书籍，广泛吸取各方面的知识营养。同时，为了保证学生课后能够做到认真复习巩固、作业认真完成，学校每天通过三方对话本把每天要复习的内容、作业布置情况告知家长，让学生课后复习做到有计划、有条理、有目的，让家长能够进行有效监督；同时，每天组长、学习委员及时收作业，杜绝拖拉、抄作业等现象的产生。另外，让各科准备一本订正本，及时订正错题，及时理解巩固，逐步培养学生良好的学习习惯。

在单元检测和期中考试后，我们及时进行调研，发现不良学习习惯的成因主要与家庭因素和学校因素有关：

1.小学阶段中没有形成规范的学习习惯。

2.家长缺少培养孩子良好学习习惯的意识。

3.家长没能提供一个有效的学习环境。

4.家长自身没有树立榜样。

5.个别教师要求不够，上课的过程中忽视了学习方法的传授。

针对以上一些原因，对学生的共性问题提出了一些具体的要求。对于学生的个性学习习惯，班主任及时与学生家长联系，相互配合，共同来纠正这些不良学习习惯；同时，各科老师在教学中注意采用教与学相互渗透的方式，把学习方法传授给学生，让学生自己探索，掌握好适合自己的学习方法。班主任也利用班会课请优秀学生介绍学习经验和学习方法，让其他学生从身边同学身上真正获得帮助。召开家长经验交流会，利用大会形式让优秀的家长传经送宝，让其他的家长受到启示。这些是我们在学生进入初中学习生活第一阶段上的一些探索。

学生良好习惯的养成，是一项长期的、复杂的、艰辛的育人工程，我们只要本着以严为纲，以爱为本的原则，多一颗爱心，给孩子们的人生当好向导，就一定能促进孩子们良好习惯的养成。

初一学生良好行为训练规范

一、学生日常行为规范

（一）自尊自爱，注重仪表

1.维护国家荣誉，尊敬国旗、国徽，会唱国歌。升国旗、奏唱国歌时要肃立、脱帽、行注目礼，少先队员行队礼。

2.穿戴整洁、朴素大方，不烫发，不染发，不化妆，不佩带首饰。男生不留长发，女生不穿高跟鞋。

3.讲究卫生，养成良好的卫生习惯。不随地吐痰，不乱扔废弃物。

4.举止文明，不说脏话，不骂人，不打架，不赌博。不涉足未成年人不宜的活动和场所。

5.情趣健康，不看色情、凶杀、暴力、封建迷信的书刊、音像制品，不听、不唱不健康歌曲，不参加迷信活动。

6.爱惜名誉，拾金不昧，抵制不良诱惑，不做有损人格的事。

7.注意安全，防火灾、防溺水、防触电、防盗、防中毒等。

（二）诚实守信，礼貌待人

8.平等待人，与人为善。尊重他人的人格、宗教信仰、民族风俗习惯。谦恭礼让，尊老爱幼，帮助残疾人。

9.尊重教职工，见面行礼或主动问好，回答师长问话要起立，给老师提意见态度要诚恳。

10.同学之间相互尊重、团结互助、理解宽容、真诚相待、正常交往，不以大欺小，不欺侮同学，不戏弄他人，发生矛盾多做自我批评。

11.使用礼貌用语，讲话注意场合，态度友善，要讲普通话。接受或递送物品要起立并用双手。

12.未经允许，不进入他人房间，不动用他人物品，不看他人信件和日记。

13.不随意打断他人的讲话，不打扰他人学习、工作和休息。妨碍他人，要道歉。

14.诚实守信，言行一致，答应他人的事要做到，做不到时要表示歉意，借他人钱物要及时归还。不说谎，不骗人，不弄虚作假，知错就改。

15.上、下课时起立向老师致敬。下课时，请老师先行。

（三）遵规守纪，勤奋学习

16.按时到校，不迟到，不早退，不旷课。

17.上课专心听讲，勤于思考，积极参加讨论，勇于发表见解。

18.认真预习、复习，主动学习，按时完成作业，考试不作弊。

19. 积极参加生产劳动和社会实践，积极参加学校组织的其他活动，遵守活动的要求和规定。

20.认真值日，保持教室、校园整洁优美。不在教室和校园内追逐、打闹、喧哗，维护学校良好秩序。

21.爱护校舍和公物，不在黑板、墙壁、课桌、布告栏等处乱涂改刻画。借用公物要按时归还，损坏东西要赔偿。

22.遵守宿舍和食堂的制度，爱惜粮食，节约水电，服从管理。

23.正确对待困难和挫折，不自卑，不嫉妒，不偏激，保持心理健康。

（四）勤劳俭朴，孝敬父母

24.生活节俭，不互相攀比，不乱花钱。

25.学会料理个人生活，自己的衣物用品收放整齐。

26.生活有规律，按时作息，珍惜时间，合理安排课余生活，坚持锻炼身体。

27.经常与父母交流生活、学习、思想等情况，尊重父母意见和教导。

28.外出和到家时，向父母打招呼，未经家长同意，不得在外住宿或留宿他人。

29.体贴帮助父母长辈，主动承担力所能及的家务劳动，关心照顾兄弟姐妹。

30.对家长有意见要有礼貌地提出，讲道理，不任性，不耍脾气，不顶撞。

31.待客热情，起立迎送。不影响邻里正常生活，邻里有困难时主动关心帮助。

（五）严于律己，遵守公德

32.遵守国家法律，不做法律禁止的事。

33.遵守交通法规，不闯红灯，不违章骑车，过马路走人行横道，不跨越隔离栏。

34.遵守公共秩序，乘公共交通工具主动购票，给老、幼、病、残、孕妇及师长让座，不争抢座位。

35.爱护公用设施、文物古迹，爱护庄稼、花草、树木，爱护有益动物和生态环境。

36.遵守网络道德和安全规定，不浏览、不制作、不传播不良信息，慎交网友，不进入营业性网吧。

37.珍爱生命，不吸烟，不喝酒，不滥用药物，拒绝毒品。不参加各种名目的非法组织，不参加非法活动。

38.公共场所不喧哗，瞻仰烈士陵园等相关场所保持肃穆。

39.观看演出和比赛，不起哄滋扰，做文明观众。

40.见义勇为，敢于斗争，对违反社会公德的行为要进行劝阻，发现违法犯罪行为及时报告。

二、学生校园行为规范

1.学生必须着校服，进校门后，禁止大声喧哗。

2.在校园内，不追逐打闹，不玩不健康的游戏或进行其他违纪活动。

3.使用好礼貌用语：请、您、您好、谢谢、对不起、没关系、再见。

4.使用好体态语言：微笑、鞠躬、握手、招手、鼓掌、右行礼让，回答问题起立。

5.放学铃声响后，学生必须依次排队回家，不准借故在校园内或街道上逗留玩耍，行进中，不得攀肩、并行，不得打闹推搡。

6.在校园内，不吃零食，不随地吐痰，不乱扔果皮、纸屑。

7.按学校指定地点存车，校园内禁止骑车。

8.上下楼梯要礼让，做到靠右边成单排走。不准在楼梯、走廊玩耍，禁止骑栏杆或顺着栏杆爬行或滑行。

9.不准在校园内滑旱冰，假期禁止入校。

10.尊重老师的劳动。上课和集会时要专心致志，不随便说话，不搞小动作，不东张西望。

11.认真听从老师的教育，虚心接受老师的批评，做到有错必改。

12.热爱集体，主动协助学校和老师做好各项工作，按时按质按量完成学校和老师布置的各种任务。

13.关心老师，为老师做一些力所能及的事，主动问候有疾病的老师。

14.尊敬老师，不妨碍老师的工作和休息，不随便进老师办公室。凡进老师办公室要先报告，得到老师允许后才进去。

15.要做诚实的孩子，对老师要说老实话，不撒谎，不阳奉阴违，做到老师在与不在一个样。

16.严于律己、勤奋学习，以优异成绩答谢老师的辛勤培养。

三、学生爱校行为规范

1.爱护学校的建筑设施、教学生活用品、文娱体育器材、劳动工具等。

2.爱护学校花草树木，发现破坏行为，立即制止，或及时报告学校。

3.教室及其附设用品管理责任到班，课桌椅管理责任到人，损坏或遗失由责任人负责赔偿。

4.不慎损坏，主动承认者，照价赔偿；故意损坏者除照价赔偿外，学校将根据情况给予纪律处分。

四、学生安全行为规范

1.严格禁止一切不安全行为，严格禁止乱动各种电器设备。

2.不准爬越攀登危险物，不准逞强殴斗，不准打汽枪、弹弓等有危险或明令禁止械具。

3.不准在马路上追赶打闹和滑旱冰、玩球、做游戏。

4.不准单独游泳。

5.不坐违规车。

6.注意防火，关好电、气等。

五、学习行为规范

（一）学生基本常规

1.预备铃响，迅速进入教室，将本节课用的课本、笔记本等有关文具放在课桌的左上角，目视前方，端正坐好，静候上课，值日生要提前擦好黑板，联系教师备好教具、仪器等。

2.上课铃响，教师走上讲台，班长喊“起立”，全体学生立正行注目礼，教师问：“同学们好！”学生答：“老师好！”教师还礼后，学生坐下。

3.迟到的学生在门外喊“报告”，经教师许可，方可进入教室。

4.教师讲课时，学生端坐，专心听讲，做好笔记，用心思考，积极回答问题，发言先举左手示意，经教师许可，站立发言，未经允许不得“乱讲”。

5.学生回答问题时要使用普通话，声音宏亮，要灵活运用“我认为……”“我的观点是……”“我的回答完毕”“这个问题我还没思考好”等规范的课堂语言。

6.阅读和书写时要保持正确的姿势，做到“三个一”（即，身体距桌子一拳远，握笔的手指离笔尖一寸远，眼睛距纸面一尺远），注意用眼卫生。

7.学生完成了老师布置的学习任务时（包括阅读、记忆、书写等内容），应主动举左手向老师示意，以便老师检查或调控时间。

8.课堂使用“手势”表示选择题答案时，要在听到老师的“请出示”口令后迅速用左手出示“手势”，不得提前或延迟。

9.课堂上的内容全部学会、掌握并完成了作业，应复习以前内容或预习新的内容，不能交头接耳，搞小动作。

10.自习课不得随意喧哗、吵闹、玩打、随便下位、传东西、搞小动作，不许开怀解带、穿小背心和拖鞋以及戴口罩、手套、围巾上课。

11.下课铃响教师宣布下课，班长喊“起立”。学生要迅速起立：“谢谢老师！”教师还礼走出教室后，学生方可离开座位，走出教室。

12.学习委员或值日班长要填好当天的教学日记。

（二）学生应具备的学习习惯

1.课前预习的习惯：每次上新课前自觉地进行预习。对要学的知识作一个初步的了解；把学习的难点、重点和不懂的地方记下来，上课时有的放矢地带着问题听课。

2.提出问题的习惯：从所学知识中，寻找矛盾和疑问，提出自己的看法和见解，培养独立思考的能力，逐步养成敢于质疑问难的习惯。

3.正规做题（答卷）的习惯。

一是在做题前，首先要认真审题、理解题意，做到心中有“数”方可下笔。

二是下笔时要做到字迹工整，字速适中，字的大小、疏密适宜，不用简化字、繁体字。作业面（卷面）格式规范，不越界答题，需要演算的学科要用专门的演草纸，从上而下依次使用并简明标上题目，以方便复核。

三是不得乱画、乱涂。对个别需要改动或删掉的文字，要求在改动的部位画一斜线，对整句改动或删掉的内容要求在改动处用直尺画两条线。如果添加少量的内容，则在需添加处用符号“V”插入。禁止使用涂改液或修正液。

四是要把平时的习题当考试题进行计时（限时）训练，要本着先易后难的顺序合理分配时间。

4.广泛阅读的习惯。

一要课内外结合，经常阅读好书；

二要校内外结合，充分利用学校及社会良好的阅读条件；

三要认真上好阅读指导课，激发阅读兴趣，培养正确阅读的习惯；

四要积极参加各种读书活动，节约零用钱以订阅多种书报，做好阅读笔记，养成“不动笔墨不读书”的习惯，并且适当参加课外阅读竞赛评比活动。

5.善记笔记的习惯。

（1）笔记的内容要有选择性，抓知识要点、抓关键词记录。

（2）笔记的方式有两种：一种是将笔记记在书上，一种是专门的笔记本。上课时，即使有些东西没有记下来，也不要总惦记着漏了的内容，以免影响记录下面的内容，可以在笔记本上留下一定的空间，课后求助于同学或老师把遗漏的补上。下课后从头至尾读一遍笔记，将遗漏之处补全，将错别字纠正，将过于潦草的字写清楚。

6.及时订正的习惯：每次作业、考试错误的题目，要及时认真订正，查出原因，澄清问题，进行反思，并写在错题集上，从中进行补漏。

7.复习巩固的习惯：结合课本、笔记认真复习每天所学的内容，在广度上、深度上进行加深理解；同时做到一周一小复习，一月一大复习。

8.合作学习的习惯。

通过组内的交流、探讨，不断完善自己的观点，不断地产生新的想法；能够充分表达自己的观点;在合作学习中逐步养成动脑、动口的习惯。

9.考试的习惯。

考前充分准备，准备好考试工具，保持一个好心情。

考中聚精会神，沉着冷静：第一，拿到试卷后，通览全卷，检查卷面是否有印刷问题，并估算完成每一部分试题需花的时间，做好整体规划；第二，填写好姓名等内容，以免下考时慌张或遗忘；第三，仔细审题，弄清已知条件，明确解题要求；第四，合理分配时间，先易后难，不因钻了牛角而耽误时间；第五，合理利用草稿纸，按题次有序书写，并写工整，以便检查核对；将解题条件列在草稿纸上，这样有助于消除紧张感，以便集中注意力进入解题状态；第六，做完一卷即填涂答题卡，填完后认真检查次序是否正确，这样能避免漏填、错填；第七，敢于攻坚：遇到难题不慌张，不气馁，能做一步是一步，能得一分是一分；第八，做完后认真检查，精益求精；第九，保持卷面整洁，讲究条理；第十，严守考试纪律，诚信考试，不提前交卷。

考后坦然面对：考试结束，以愉快的心情投入下一场考试的准备；不要对答案，不要患得患失。

六、劳动健康规范

1.学生应懂得“劳动创造世界”的道理，从小养成爱劳动的好习惯；懂得珍惜劳动果实；积极参加校内外的各类公益劳动，在劳动中得到锻炼，不断提高自身素质。

2.在劳动中服从分配，不怕苦、不怕累，积极完成任务，养成好的劳动习惯。

3.每天学生校内劳动时间不少于 10 分钟，积极参加班级值日，认真完成打扫整理教室、擦窗、倒垃圾等项劳动。认真完成包干区打扫；认真参加每周的大扫除。

4.自觉锻炼身体，积极参加体育活动，每天锻炼不少于 1 小时；认真做好“两操”，培养良好的卫生习惯。

5.树立自信，正确面对挫折与成绩，适当进行自我调节，培养良好的心理素质。

今天你低碳了吗?

——初一学生低碳生活习惯教育

所谓“低碳生活（low-carbon life）”，就是指生活作息时所耗用的能量要尽力减少，从而减低二氧化 碳的排放量。 低碳生活，对于我们这些普通人来说是一种态度，是你愿不愿意和大家一起创造低碳生活的问题。我们应该积极提倡并去实践低碳生活，要注意“四节”：节电、节水、节油、节气，从这些点滴做起。除了植树，还有人买运输里程很短的商品，有人坚持爬楼梯，形形色色，有的很有趣，有的不免有些麻烦。但关心全球气候变暖的人们却把减少二氧化碳实实在在地带入了生活。

温室气体让地球发烧。200 多年来，随着工业化进程的深入，大量温室气体，主要是二氧化碳的排出，使全球气温升高、气候发生变化，这已是不争的事实。世界气象组织公布的“2009 年全球气候状况”报告指出，近 10 年是有记录以来全球最热的 10 年。此外，全球变暖也使得南极冰川开始融化，进而导致海平面升高。芬兰和德国学者公布的最新一项调查显示，21 世纪末海平面可能升高 1.9 米，远远超出此前的预期。如果照此发展下去，那么南太平洋岛国图瓦卢将可能是第一个消失在汪洋中的岛国。

美国媒体发表的一项研究指出，地球“发烧”也给人类的健康造成了巨大的危机。第一，过敏加重。研究显示，随着二氧化碳水平和气温的逐渐升高，植物花期提前来临，花粉生成量增加，使人的春季过敏加重。第二，物种正在变得越来越“袖珍”。随着全球气温上升，生物形体在变小，苏格兰羊已现端倪。第三，肾结石增加。由于气温升高，脱水现象增多。研究人员预测，到 2050 年，全球将新增泌尿系统结石患者 220 万人。第四，外来传染病暴发。水环境温度升高会使蚊子和浮游生物大量繁殖，会使登革热、疟疾和脑炎等时有暴发。第五，夏季肺部感染加重。温度升高，凉风减少会加剧臭氧污染，极易引发肺部感染。第六，藻类泛滥引发疾病。水温升高导致蓝藻迅猛繁衍，从市政供水体系到天然湖泊都会受到污染，从而引发消化系统、神经系统、肝脏和皮肤疾病。低碳生活，已成为人类急需建立的生活方式。

2009年12月7日的哥本哈根气候变化峰会被冠以“有史以来最重要的会议”“改变地球命运的会议”等各种重量级头衔。这次会议试图建立一个温室气体排放的全球框架，也让很多人对人类当前的生产和生活方式开始了深刻的反思。纵然世界各国仍就减排问题进行着艰苦的角力，但“低碳”这个概念几乎得到了广泛认同。

低碳，是指较低或更低的温室气体（二氧化碳为主）排放。对此，中国环境科学学会秘书长任官平告诉《生命时报》：“节能就是最大的减碳。”首先，减碳主要落实在生产上，如大力开发水能、核电、风能和太阳能等清洁能源。任官平强调，减碳是每个人的责任。对我们来说，生活方式描绘了每个人的“碳足迹”。

什么样的人可以算是“低碳族”，“低碳”又代表什么呢？简单来说，“低碳”是一种生活习惯，是一种自然而然地去节约身边各种资源的习惯，只要你愿意主动去约束自己，改善自己的生活习惯，你就可以加入进来。当然，低碳并不意味着就要刻意去节俭，刻意去放弃一些生活的享受，只要你能从生活的点点滴滴做到多节约、不浪费，同样能过上舒适的“低碳生活”。

简单理解，低碳生活就是返璞归真地去进行人与自然的活动，主要是从节电、节气和回收三个环节来改变生活细节，包括以下一些低碳的良好生活习惯：倡导低碳，呵护地球。

如果我们每天：

1.少搭乘1次电梯，就减少0.218千克的碳排放量。

2.少开冷气1小时，就减少0.621千克的碳排放量。

3.少吹电扇1小时，就减少0.045千克的碳排放量。

4.少看电视1小时，就减少0.096千克的碳排放量。

5.少用灯泡1小时，就减少0.041千克的碳排放量。

6.少开车1千米，就减少0.22千克的碳排放量。

7.少吃1次快餐，就减少0.48千克的碳排放量。

8.少烧1千克纸钱，就减少1.46千克的碳排放量。

9.少丢1千克垃圾，就减少2.06千克的碳排放量。

10.少吃 1 千克牛肉，就减少 13 千克的碳排放量。

11.省 1 度电，就减少 0.638 千克的碳排放量。

12.省 1 度水，就减少 0.194 千克的碳排放量。

13.省 1 度天然气，就减少 2.1 千克的碳排放量。

14.如果一天做到每一项，那么我们可以每天减少 21.173 千克的碳排放量。

如果全中国每一人每一天都能做到每一项，那么我们每天可以减少 29 642 200 000 千克的碳排放量，约合 3×10^6 吨。

如果全世界每一人每一天都能做到每一项，那么我们每天可以减少 1 058 650 000 000 千克的碳排放量，约合 1.1×10^8 吨。

同学们，携手未来需要我们长期的努力和坚持，低碳生活需要我们从现在启程。让我们从绿色校园开始，向身边同学宣传保护环境、循环利用理念，促进同学们绿色观念的形成。让我们从“绿色十二中”开始，关注学校环境状况，倡导低碳生活理念，带动周围社会群众共同关注生态环保；让我们从绿色铜陵开始，为建设资源节约型、环境友好型的城市而努力；让我们从“绿色中国”开始，倡导绿色消费，支持节能减排，响应政府环保决策，使祖国的明天更加美好。

同学们，让我们从自身做起，从点滴做起，做低碳生活的倡导者、宣传者、实践者！让空气更加洁净，让水更加清澈，让土壤更加肥沃，让植物茁壮成长，让耳边的声音更加美妙，让眼前的光线更加柔和，让越来越多的人为我们共有的家园贡献力量！让我们大家现在行动起来，减少你的“碳足迹”，携手走进低碳时代！

同学们，以下几点你能做到吗？

1.随手关灯和水龙头开关，拔插头，这是第一步，也是个人修养的表现。

2.每张纸都双面打草稿，相当于保留下半片原本将被砍掉的森林。

3.不坐电梯爬楼梯，省下大家的电，换自己的健康。

4.少用、不用或反复使用塑料袋，一只塑料袋 5 角钱，但它造成的污染可能是 5 角钱的 50 倍。

5.洗澡不一定每次都用浴缸，已经用了，请用积水来冲洗马桶；

6.关掉不用的电脑程序，减少硬盘工作量，既省电又维护你的电脑；短时间不用电脑时，启用电脑的“睡眠”模式，能耗可下降到50%以下。

7.骑自行车或步行上学、回家的人既减少父母开支，又不担心体重涨。

8.没必要一进门就把全部照明打开，人类发明电灯至今不过130年，之前的几千年过得好好的。

9.请相信，痴迷皮草那不过是一种返祖冲动。

10.可以这么认为，气候变暖一部分是出于对过度使用空调\暖气的报复。

11.尽量少使用一次性牙刷、一次性塑料袋、一次性水杯......因为制造它们所使用的石油也是一次性的。

12.洗脸、刷牙用脸盆、水杯接水比长流水节约一半水。

13.过量肉食至少伤害三个对象：动物、你自己和地球。

14.认为把水龙头开到最大才能把手等洗得更干净，那只是心理作用。

15.有些人，洗个澡用掉四五十升水，洁癖也不用这么夸张。

16.如果只用电脑听音乐，显示器可以调暗，或者干脆关掉。

17.可以把马桶水箱里的浮球调低2厘米，一年可以省下4立方米水。

18.10年前乱丢电池还可能是无知，现在就完全是不负责任了。

19.随身常备筷子或勺子，已经是环保人士的一种标签。

20.非必要的话，尽量买本地、当季产品，运输和包装常常比生产更耗能。

21.植树为你排放的二氧化碳埋单，排多少，吸多少。

22.衣服多选棉质、亚麻和丝绸，不仅环保、时尚，而且优雅、耐穿。

23.每天使用传统的发条闹钟，取代电子闹钟。

第二篇　初二年级学生积极心态教育

初中生正值“身心俱变”时期，他们对许多事情似懂非懂，尤其是，他们大多是独生子女，总是被家人爱着、宠着，一旦受到挫折，心理承受能力很差。其中初二学生尤为明显（美国心理学家霍林沃斯称之为“心理性断乳期”）。初二的学习与小学乃至初一都有很大的不同，学科增多，难度加大，对他们来说，有一个适应过程。他们一方面要身肩父母的厚望，应付繁重的学习任务；另一方面要面对青春期发生的一些生理变化和心理变化。面对这些变化，有些学生能很好地适应，严格要求自己，积极要求上进；但有些学生却显得无所适从，表现出一些异常心态，如叛逆、盲目追求自由平等、易受外界影响、情绪情感偏激、易冲动、凭感情行事、自卑、虚荣、孤僻、嫉妒、空虚。表现在学习、生活上则是烦躁、厌学、缺乏自信、恐惧考试、经不起挫折和失败，甚至迁怒于人，人际关系不良等，两极分化现象明显。北京青少年心理问题专家许燕提出“初二现象”，即“事故多发的危险阶段、思想道德的分水岭、学习成绩的分水岭、能力培养的分水岭”。

因此，初二的学生是成长发展的转折点，也是心理教育（或称心态教育）的关键期。

一、“初二现象”的表现

比较注意自己在同学、老师、亲戚、朋友心目中的形象、评价和地位。

对很多事有自己的观点、认识、体会，不容易沟通，不轻易服从师长尤其是家长的指导和批评。

是非观模糊，心理承受能力差……另一方面我行我素，自以为是；一方面不愿脱离同伴，从众心理明显。

喜欢出人头地，在“应试教育”下常有紧张的感觉，在分数的压力下常有自卑的心理。

学习成绩两极分化。经过一年的学习，原先“小升初”考试成绩相差无几的学生成绩出现两极分化的现象。过去一贯学习很好、到初二掉队的屡见不鲜。有统计材料表明，全国初二的辍学率达到了2%左右。

生理早熟，心理不成熟，青春期躁动明显。有不同性质和程度的叛逆、对抗情绪以及说谎、寻衅闹事等行为。如果此时没有得到及时有力的帮助，或被社会上的不良分子引诱，就可能越变越坏。

二、“初二现象”的成因

1.学生个体的“不成熟”。从生理、心理方面看，初二学生年龄多在 14 岁上下，普遍进入生长发育的第二个高峰期，身体急剧生长，第二性征出现。由于生理的变化，学生身心正处在狂风骤雨的“变化期”。他们爱面子，跟时尚，易冲动，好对抗，走极端，我行我素，固执己见，对自我和外物常“只见树木，不见森林”，易良莠不分，瑕瑜不辨，欠缺对自我的深刻反思与反省。我们常看到男生逞强好胜，容易冲动，爱在女生面前表现自己；女生则爱漂亮，讲究打扮，多愁善感。在这个阶段，他们还缺乏对真善美和假丑恶的分辨能力，又容易受到外界的不良影响，因此，早恋、离家出走等不良现象常发生在这个阶段。

2.学习新鲜感的消退。在经历了对学习任务由不适应到适应之后，学习新鲜感的淡化几乎是一种必然。

其一，从初一到初二要跨上一个很高的台阶，学科增多（增加了物理、政治学科成为考试学科），难度加大，原先基础不很扎实或者有些关键课时没有认真听课的同学，就可能因此而被拉下来，而一旦落伍，则往往感到灰心丧气，厌倦学习，并且互相影响。其二，教师的教学风格无论好坏、优劣，都具有“固性”，不易更新，也不免使学生对其所教学科感到“倦怠”。其三，学生的绝大部分时间在学校度过，对校园了如指掌，而对于学校环境的熟稔间接地强化了学习新鲜感的减退。

3.学校及班级规则的框限。学校规章制度和班级学生自律公约的本质是促进学生整体健康发展，但在某些方面也是约束学生行为举止的规范性“框框”，具有一定的强制性。学生只能在这一游戏规则内行事，超越规则常意味着会受到一定的“惩戒”，这不免令学生内心产生某种“不满”与抗争的“冲动”。

4.教学评价的偏误。一味以分数为本位的传统教学评价也是造成“两极分化”的根源之一。过分追逐分数的量化评价，将学生的发展内涵窄化为“智力”，再窄化为“书面测试”，将学生异化为“物”，分为“三六九等”，严重挫伤所谓“差生”的心灵和人格，并重创同学关系，如“他人的高分，就是我的地狱”等。同时也使师生关系紧张化。

5.部分存在的家校沟通失误。具体而言：一是学生家庭、班级各行其事，家校联系得不通畅。二是在家校联系过程中的失当，少数教师在给家长的反馈中以“告状”为主，事后学生招致父母的责怪，从而对老师和家长关闭了心灵之门。也有少数家长动不动以找班主任来规范孩子，加剧了孩子的逆反。如此长期下来，教师和家长会听不到孩子的心声。

6.教育方法的不适合性，引起初二孩子的“叛逆”。少数教师和家长一是缺少童心，换位思考不够；二是有时爱心过度，孩子却承受不住；三是学习新时期教育理论不够，思维和理念有待更新。

三、针对“初二现象”我们应该采取的对策

1.重视学生的思想道德的教育，树立正确的人才观。伟大的教育家苏霍姆林斯基说过：“所有孩子的心灵都是向往美好的东西的，没有一个孩子天生就是坏的，无道德的。”作为老师和家长要加强品格引领，绝不放任自流。要引领学生分清是与非，明晓对与错，判明正与邪，区分善与恶。多与孩子交流沟通，多激励孩子，耐心地引导孩子，更新自身的教育观念，不只关注分数，不以过高的期望向孩子施压；对于个别过于溺爱孩子的家长应该结合实际和相关的道德法规，加强教育，必要的惩戒是不可少的（适度惩戒，不是体罚）。

2.积极心态的培养。

（1）树立理想，明确目标。理想是学生学习的动机和目的。有理想，奋斗才有目标，心态才会积极，学习才有动力。而立志奋斗则是实现理想的前提。我们要激发学生思考未来的人生道路：将来要成为什么人，在自己青少年的时候，就要确立为实现自己人生价值而奋斗的远大理想，根据社会的实际需要和自己的个性特点，把个人的前途命运同国家的前途命运联系起来，选准自己人生的奋斗目标，坚定不移，坚韧不拔地走下去，就会走向成功。

建议学生每周阅读名人传记 30 分钟，并摘录其中最触动自己的话语或概括总结自己的感受，从古今中外名人的成败利钝中，吸取有益的经验与教训。学生通过阅读总结，每天不断地进行积极的自我暗示训练：我也能行！只要努力我也能成功！这些积极、成功、健康的信念，不断激发、培养、强化学生的自信，他们就会越来越积极，成功的欲望就会越来越强烈，也就会有积极成功的表现。

鼓励学生课余从事课题研究：哪些心态对人生、事业有益，哪些心态属于失败型心态，怎样培养自己的良好心态？

（2）有效激励。期望激励。心理学家韦纳认为，在师生交互作用的教学过程中，学生对自己成败的原因，并非完全以其考试分数的高低为基础，而是受到教师对他成绩表现所作反馈的影响。教师对学生的发展充满信心，并抱有积极的期望，就会把信心传递给学生，这有助于学生积极心态的形成。因此，教师应对每个学生抱有积极的期望，并不失时机地把这种期望传递给学生。如当面表扬、夸奖学生："你真行！""你好棒！"这样，当不断受到教师表扬的时候，学生对这门课的兴趣也就建立起来了。

竞争激励。竞争是激发学生积极心态的有效手段。由于竞争行为是争先、争优、争强心理的表现，它比平常状态有更大的压力和动力，因此，在教学中，教师应主动运用竞争手段，促成学生间的比、学、赶、帮、超，如宣传敢于竞争的典型，帮助学生选择竞争对手，开展多种竞赛等。

接纳激励。老师对学生接纳、同学对自己接纳，以及家长对孩子接纳其实是最好的激励，所以要加强亲子教育，组织一些学生和家长共同参与的活动，促进学生和家长之间的沟通和交流，将学生的精力引导到学习的轨道上来。还可以设计一些难度稍低的变题，让他们能在努力之后收获成功快乐。

3.培养学生学习的兴趣，加强学习心理的辅导。兴趣是推动学生学习的动力，学生如果能在学习中产生兴趣，就会形成求知欲，就能主动积极地学习。培养学生学习兴趣的途径很多，如让学生积极参加有益的文体活动，体验成功的愉悦；创设一个适度的学习环境，比如带孩子到他向往的学校去参观，感受成功奖励。创设多种教育平台，开展丰富多彩的班级活动或校园活动，为学生展示自己的才艺提供舞台或机遇，激发学生的成就感心理。如，班级举办各种学生关心的主题班会或辩论赛、开展学科兴趣小组活动、组织各种友谊赛、文艺表演、趣味文体活动等，使学生摆脱自我中心的束缚，促进良好心理品质的形成。

无论是老师还是家长，都不能只关心分数，还要关注学生的健康成长，要能够埋身于学生之间，走进他们的生活，相互间朋友式的交流，诚恳谈话，多方共同努力达到彼此的相识相知，在不断的心灵互动中达到理解。老师和家长，要具备良好的心理素质，面对有逆反心理的孩子，要冷静关注，适度介入，给孩子指明方向，给他们留下一片自主发展的空间。只有他们自己从生理、心理和道德等各个角度真正认识到了，他们才能尽可能地减小行为的冲动性和盲目性，使自己顺利渡过初二阶段。进入初三后，心理的浮躁期下降，自己能考虑到将面临中考的冲刺，心中有了明确的目标，学习的热情也逐渐呼出，学习的自觉性明显增加。

通过研究发现，不少初二学生在科学学习、计划学习上都存在明显的问题。他们在预习、上课、作业等各个环节都没有掌握科学的学习方法，也就是不会学。所以，虽然天天看书、做作业，但由于方法不当，学习效率很低，成绩越来越差。对此父母责骂、老师抱怨是没有意义的，应该积极帮助孩子尽快适应新的学习任务的变化。除生活习惯、作息时间外，老师和家长应配合孩子实现学习方法的转变。

从改变习惯入手。学习策略一般都渗透在一个人的日常行为习惯之中，学习的主要障碍是不良习惯，改变习惯就等于提高了学习的策略水平。对于初一新生应迅速完成小初衔接，实现学法的转变。学生必须改变以往写完作业万事大吉的做法，主动复习当天所学的知识，除了老师留的作业，还应该多读参考资料，加深理解，拓宽知识面，由依赖性学习向主动、独立性学习转变。初二学生应形成适应自己的学法，强化薄弱学科学习，进行全面复习。

几点建议：

适度放慢学习速度，克服急躁情绪。小步子前进。不要企望一次成功，更不要企望在极短时间内得到明显的效果。要用小步子逐渐抵达目标。

采取“六先六后”策略：先看书后学习、先体验后感悟、先复习后作业、先发现问题再探索问题、先独立思考再交流讨论、先改错再评讲。

学会计划学习。让学生制订并交流科学学习计划，养成按时、定量、定内容的学习习惯。

借鉴别人学法，形成自己学法。利用学生集会，对学习习惯进步学生进行公开表扬，激励其继续进步，对不良习惯适时提醒。邀请优秀教师和优秀学生开办学习习惯、方法和能力自我培养的相关专题讲座，如：整体学习法与部分学习法、集中学习法与分散学习法、集中复习法和经常复习法、自我复述法、强化学习法。这样使学生学会总是站在系统的高度把握知识，追根溯源，寻求事物之间的内在联系，培养发散思维，养成联想的思维习惯。实现学习境界的提升，即由苦学到好学的提升，由好学到会学的提升。

在学习过程中，通过学习行为的调整，即端正学习态度，激发学习动机，养成学习习惯，提高学习能力，优化学习方法，并有效地体现在学习过程的五个环节中，做到目标预习，集中听课，及时复习，独立作业，认真考试，可提高学习有效性。

4.积极塑造良好班风，形成团结奋进的团队。一个优秀的班集体具有这样的特点：学风严谨、班风积极向上、同学团结友善、师生关系和谐平等（创建优秀的班集体，首先应该确立一个集体的奋斗目标；要形成正确的舆论和良好的班风去影响、制约每个学生的心理，规范每个学生的行为；要实行班级管理的民主化、细致化；积极发挥任课教师积极性。要培养一批团结在班主任周围的积极分子，组成班集体的核心）。创建优秀的班集体，应该“抓在细微处，落在实效中”。学生的首要任务是“学会学习”，我们应该以“学风建设”为抓手，狠抓班风建设，让学生“学会学习，学会生存”，学会“宽容博爱，求实求真”，从而形成同学积极向上、团结友善、师生关系和谐的良好班风。

一个优秀的班级是班主任、任课教师和全班学生共同建设的结果。一旦形成将有强大的自我更新和造血功能，能有效降低班级“后进学生”的百分比。减轻初二两极分化的现象。从而形成良性循环态势。

5.家校积极联手。教育好一个孩子，仅靠家长或仅靠教师是不够的，只有二者紧密配合，才能形成最大的合力，促进孩子的成长。因此，家庭和学校之间要建立起一种互相尊重、互相信任、互相支持、互相体谅的工作关系。除了学校教师的主动全员家访和因材施教外，家长怎样加强家校联系呢？

首先，家长要主动、积极地去访问学校、访问老师——“校访”和“师访”。这样做，可使家长在家校联系中处在比较主动的地位，可以在有准备的情况下与老师就教育子女的问题进行比较深入、比较充分的交流。校访时，既要访班主任，也要访任课老师，如果能事先同老师取得联系则更好。

其次，家长要热情欢迎上门家访的老师。家长要实事求是地反映孩子在家中的表现，既不要为了给老师留下一个好印象而光谈孩子的优点，也不要为了说明自己严于教子而把孩子说得一无是处。家访后，家长应同孩子谈话，把老师的要求同家长的要求统一起来，千万不要出现老师家访、孩子受惩罚的现象，以免使孩子对老师产生抵触情绪。

再次，积极参加家长会，非不得已，不要缺席或请家中其他人代为出席。不要迟到或早退，以体现对学校、对老师的支持和尊重。在家长会上，家长可以发表见解；有些想法在会上不便谈，可在会后与老师个别交换意见。家长会结束后，参会家长要向家属传达会议内容，以求统一认识，保持家庭教育的一致性。

另外，适时、适度地进行青春期性教育和心理卫生健康教育，预防性犯罪。初二学生，因各种原因，最容易受到外界因素的影响而外出，从而造成身心伤害。因此学校、家庭必须加强这方面的预防教育。如定期召开男、女生青春教育会，讲清楚青春期应注意的有关事项以及学生外出给家庭、社会及个人造成的危害；同时要进行生理卫生和性知识教育，以达到预防教育的目的。

总之，独生子女的社会化，由此带来的教育难题也更多，初二两极分化的现象也呈提前的趋势。因此，老师、家长，还有学校管理层以及全社会，都要重视“两极分化”这一特殊的现象，面对问题，学校要健全管理机制和评价机制，形成良好的舆论导向，同时强化师生行为规范，提高道德认识，建立良好的、和谐的育人氛围和环境。采取正确的解决办法，从而使我们的青少年能健康地成长。

铜陵市第十二中学学生保持积极心态训练规范

<table>
<tr><th>训练时间</th><th colspan="2">训练项目</th><th>具体内容</th><th>指导老师</th></tr>
<tr><td rowspan="4">第一学期初</td><td rowspan="4">上好第一堂课</td><td>指导学生设定清晰的、积极的目标</td><td>1.目标要具体，可以是多元化的。
2.目标的实现是要对社会有利的，符合社会的主流价值观。
3.将目标写在小卡片上，贴在浴室的镜子上面，贴在写字台的正前方玻璃板下，装在文具盒里以及放在能拿到和看到的地方。</td><td rowspan="4">班主任和各任课老师</td></tr>
<tr><td>指导学生誓言激励</td><td>1.以个人具体的目标为导向，用第一人称，设定肯定句式的、积极的激励性语言。
2.每天早晨一起床和晚上睡觉前，对着镜子大声地把“誓言”说出来。
3.将誓言和目标写在一起，贴在浴室的镜子上面，贴在写字台的正前方玻璃板下，装在文具盒里以及放在能拿到和看到的地方。
4.将你的“誓言”与别人一起分享，讲给亲朋好友听，和他们展开讨论等。</td></tr>
<tr><td>指导学生制订学习计划</td><td>“凡事预则立”，没有计划的学习、没有方法的学习是很难取得成效的。</td></tr>
<tr><td>指导学生承担班级事务</td><td>1.班级事务很多，每位同学自主选择其中一件承担下来。
2.做到最好。</td></tr>
</table>

续表

训练时间	训练项目	具体内容	指导老师
10月—11月	同学互助	1.每组推选或自我推荐两名优秀同学，班级共8位成立班级“助人工作组”，帮助小组内同学解决学习或行为上的困惑。 2.小组内每位同学争取做到每天弄懂 1 个疑难问题，每天举手发言 1 次。	班主任
	三方对话	改变传统家长会“老师说、家长听”的模式，老师、家长及孩子三方可就相关问题进行面对面的对话交流。	班主任、任课老师或心理老师
12 月	对重点学生家访或个别交流	1.重点学生指的是学习动力不足、思想上波动的学生。 2.找出问题的根源，有针对性的教育。	班主任、任课老师或心理老师
学期末	总结得与失	指导学生对照自己的目标、计划及取得的相关成绩进行总结，收获喜悦，反思得失。	班主任
第二学期初	专题讲座	以班级为单位，就人际关系及竞争等相关内容交流互动。	班主任或心理老师
	对重点学生家访或个别交流	同上	班主任、任课老师或心理老师

续表

训练时间	训练项目	具体内容	指导老师
3月	指导学生读伟人传记	1.以读书节为契机，指导学生读好书。 2.确定最崇拜和羡慕的伟人。 3.明确他（她）让你崇拜和羡慕的主要因素，找出他（她）成功的主要原因。 4.每周至少阅读30分钟，摘录其中令自己触动的句子或谈谈自己读后的感想。从古今中外名人的成败得失中，吸取有益的经验与教训。	班主任或语文老师
4月	三分钟演讲	1.演讲主题：自己的理想、目标或对读书的感受。 2.尽可能点面结合，鼓励大多数积极参与。 3.对于自信心不足的抓住时机表扬。	班主任或语文老师
5月	同学互助	同上。	班主任
学期末	上好最后一堂课 总结得与失	同上。	班主任

铜陵市第十二中学学生心理健康教育活动评价规范

姓名：________ 性别：__________ 班级：_________

指导语：请你仔细阅读每道题，根据自己的实际情况选择合适的答案。每道题没有对错之分，请以自己的第一感觉为准，不要在每道题上过多思索。

每道题后面都有五个等级供你选择，按照程度的高低分别用 1、2、3、4、5 表示。

1.完全不符合 2.多数不符合 3.不确定 4.多数符合 5.完全符合

注意：（1）每道题后只能选一个等级；（2）每道题都要答。

例：每天我都想看电视。

1.完全不符合 2.多数不符合 3.不确定 4.多数符合 5.完全符合

题　　目	选　　项	你的选择
1. 感到人们对我不友好，不喜欢我	1.完全不符合 2.多数不符合 3.不确定 4.多数符合 5.完全符合	
2. 我感到学习负担很重	1.完全不符合 2.多数不符合 3.不确定 4.多数符合 5.完全符合	
3. 我感到苦闷	1.完全不符合 2.多数不符合 3.不确定 4.多数符合 5.完全符合	

续表

题　　目	选　　项	你的选择
4．我心情时好时坏	1.完全不符合　2.多数不符合　3.不确定　4.多数符合　5.完全符合	
5．当别人看着我或谈论我时，感到不自在	1.完全不符合　2.多数不符合　3.不确定　4.多数符合　5.完全符合	
6．上课时，总担心老师会提问自己	1.完全不符合　2.多数不符合　3.不确定　4.多数符合　5.完全符合	
7．容易哭泣	1.完全不符合　2.多数不符合　3.不确定　4.多数符合　5.完全符合	
8．我学习劲头时高时低	1.完全不符合　2.多数不符合　3.不确定　4.多数符合　5.完全符合	
9．感到别人不理解我，不同情我	1.完全不符合　2.多数不符合　3.不确定　4.多数符合　5.完全符合	
10．一听说要考试，心里就感到紧张	1.完全不符合　2.多数不符合　3.不确定　4.多数符合　5.完全符合	

续表

题　　目	选　　项	你的选择
11. 我感到前途没有希望	1.完全不符合　2.多数不符合　3.不确定　4.多数符合　5.完全符合	
12. 我对做作业的热情忽高忽低	1.完全不符合　2.多数不符合　3.不确定　4.多数符合　5.完全符合	
13. 我感情容易受到别人的伤害	1.完全不符合　2.多数不符合　3.不确定　4.多数符合　5.完全符合	
14. 我讨厌做作业	1.完全不符合　2.多数不符合　3.不确定　4.多数符合　5.完全符合	
15. 经常责怪自己	1.完全不符合　2.多数不符合　3.不确定 4.多数符合　5.完全符合	
16. 我对同学忽冷忽热	1.完全不符合　2.多数不符合　3.不确定　4.多数符合　5.完全符合	
17. 同异性在一起时，感到害羞、不自在	1.完全不符合　2.多数不符合　3.不确定　4.多数符合　5.完全符合	

续表

题　　目	选　　项	你的选择
18．我讨厌上学	1.完全不符合　2.多数不符合　3.不确定　4.多数符合　5.完全符合	
19．我常常无精打采，提不起劲来	1.完全不符合　2.多数不符合　3.不确定　4.多数符合　5.完全符合	
20．我对老师时而亲近，时而疏远	1.完全不符合　2.多数不符合　3.不确定　4.多数符合　5.完全符合	
21．要求别人十全十美	1.完全不符合　2.多数不符合　3.不确定　4.多数符合　5.完全符合	
22．我讨厌考试	1.完全不符合　2.多数不符合　3.不确定　4.多数符合　5.完全符合	
23．经常觉得活着没什么意义	1.完全不符合　2.多数不符合　3.不确定　4.多数符合　5.完全符合	
24．我对父母时而亲热，时而冷淡	1.完全不符合　2.多数不符合　3.不确定　4.多数符合　5.完全符合	

续表

题　　目	选　　项	你的选择
25. 不能正确对待老师的批评与表扬	1.完全不符合　2.多数不符合　3.不确定　4.多数符合　5.完全符合	
26. 在学习或生活中经常与同学攀比	1.完全不符合　2.多数不符合　3.不确定　4.多数符合　5.完全符合	
27.列举自己的 5 个优点		
28.列举在学习过程中的 10 个良好习惯		
29.谈谈怎样建立自信		

第三篇　初三年级学生学法教育

——学而有法，学无定法

“学而不思则罔，思而不学则殆”，意为：只学习而不思考，就会迷惑而无所得；只空想而不学习，就会疲倦而无所得。《论语》中的这句话为我们精辟地阐述了“学”与“思”之间相辅相成、缺一不可的必然关系。

这里的“思”，一般指对学习对象或学习内容的思考，当然，我们也可以扩展，理解为对自身“学法”的反思与总结。于是，全句又多了一层新意，即：一味只懂得勤学、苦学、盲学，却从不反思学习行为，极少探寻学习方法，最终只会劳而无获，对学习产生迷惑与厌烦；反之，一味的搜寻、照搬墨守成规、循规蹈矩的所谓学习方法，而不注重学习实践，不去将学法与自身学习特点有机结合起来，必然会重演“刻舟求剑”“郑人买履”的呆板笑话。

对认知能力正在提升、并逐渐成熟的中学生而言，学习实践和学习方法能否良好地加以整合，将在很大程度上决定最终的学习效果。

“学习实践”和“学习方法”的关系，实际上就是实践与理论的关系，即，必须勤于学习、勤于实践，从学习实践中不断反思、总结出适合自己的方法；与此同时，学法又反过来促进学习实践的改进和提高。一句话，“实践出学法，学法促实践”。这里需要强调的是：谈论学法的前提是必须有端正的学习态度，把学习当做自己重要的事去做。试想，不愿学，不去学，不体验，不实践，又空谈什么学法呢！

“学法”因人而异，但进行认真总结，还是能找出很多适合多数人学习的共同规律。“预习”“听课”“作业”“复习”“应试”“反思”等学习环节都有着必须遵循的客观规律和有效方法。学习过程中，对于这些规律和方法，就得持之以恒、常抓不懈，而绝不能朝三暮四、朝秦暮楚。而在一些具体细节操作中，当然可以结合自己的学习体会，加以调整和改善。

学法，与自身的学习习惯有着密切的联系。有的中学生，特别是步入初三毕业班的学生，常常彷徨：多年养成的不良学习习惯，已经阻碍了自己有效学法的获取，阻碍了学业成绩的提升，无法改变。但有学者科研证明，两周时间即可逐渐消灭一个坏习惯，或建立一个好习惯。“预习”“听课”“作业”“复习”“应试”“反思”六个学习环节是一个不断反复的循环，只需抓住其中一个循环的起始点，坚定信心，重新开始，完全有进步提升的把握与空间。

各学科学习方法

如何学好初中语文

语文学习分四大部分

第一部分：语文基础知识

语文基础知识包括：字、词、句（语法、标点、修辞）、文体知识、文学常识五个方面。

一、字

（一）知识要点

1.字音：汉语拼音规则以及容易读错的字。

掌握拼写规则的重点字，这些字的音节拼写对了，就可以达到触类旁通、举一反三的效果。这些字分别是：

（1）维、会、温、驼、优、流的拼写规则。

（2）英、呀、烟、叶、晕的拼写规则。

（3）公、荣、雄、翁、拥、窘的拼写规则。

（4）女、绿、掠、虐、与、机、区、需、鱼的区别。

除此之外，再注意拼写的隔音符号，皮袄 pí ǎo 儿化标音花儿 huā er 轻声不标词。

2.字形：注意形近字与同音字之间的区别。

大多是书下的注释和书后练习中容易写错的字；也有同学作文

中常见的错别字。一般是书下带注音的字和书后的关于字音的练习。

（二）学法指导

1.养成查字典的好习惯。

2.可以在平时将自己常写错的字记录在一个本上，定时集中纠正。

3.还可以进行形似字、同音字的组词练习。

二、词

（一）知识要点

应掌握词的本义、语境义及辨析、近义词、反义词、辨析词的褒贬义。

1.词的本义与语境不同的词。

2.近义词的辨析：结合语境选择恰当的词语。

3.结合语境判断词的褒贬以及正确理解发生变化后词的感情色彩。

（二）学法指导

1.每学一节新课，先要将自己不会的词语画出来，通过查字典再结合语境理解词语，不能死记硬背。

2.在具体语境中有的词义发生变化，一定要加强理解这部分内容。

3.书下注解及课后练习的词语部分应是重点。

4.学习词语应坚持“长流水，不断线”，根据自己的情况，每天都要学习和积累一定的词语，到一定时期，自测之后，将还不熟悉的词语用过筛子的方法挑出来，再次复习，直至越来越少。

5.将自己积累的词语记在一个本子里，最好分类，既有利于语文基础知识的掌握，又有利于写作。

三、句

（一）语法

1.知识要点。应掌握短语、单句、复句三方面的知识。

（1）短语：五种基本结构，并列、偏正、动宾、补充、主谓。

（2）单句：六种基础成分，主语、谓语、宾语、定语、状语、补语。

（3）复句：七种基础类型，并列、递进、转折、选择、因果、假设、条件。

2.学法指导

近年来由于淡化语法知识，有的同学以为语法不用学了，其实学语法对于我们学习语言和运用语言是非常有帮助的。运用这些语法知识分析、理解文章内容；运用这些语法知识，使自己的文章写得更加通顺、简明、连贯。

1. 短语的学习不要脱离句子，要结合短语在句子中的作用，理解句子的组成。

2. 单句成分的划分可以利用不同成分的基本位置，和结构助词的不同用法来掌握。

（1）[状语]（定语）主语‖[状语] 谓语（定语）宾语 ＜补语＞

注意：表时间、地点的状语一般在主语前。而表时间、地点的词语如在谓语后，称为补语。

（2）巧用结构助词“的”“地”“得”：“的”字前一般是主语或宾语的定语；“地”字前一般是谓语的状语；“得”字后一般是谓语的补语。

3. 对复句的复习主要是记住常用关联词以辨析复句的类型，熟记口诀，便于记忆。

有一个复句关联词语歌诀，几分钟就能背熟，可以一试。

既又也还表并列，不是而是别记错；
不是就是是不是，或者要么表选择；
不仅不但表递进，而且并且更还也；
虽然但是为转折，尽管可是加可却；
因为所以既然就，因而因此是因果；
只有和才只有就，条件还有无论都；
如果和就即使也，要是和就表假设。

4.学习语法知识重在运用语法知识提高语言的表达能力，不必单纯地死记语法的名词术语、概念、理论，单句侧重在病句修改；复句的重点则是关联词的运用；对复句中分句内容的理解。因此，在学习时应在掌握语法的基本知识的基础上，学会运用这些知识，为正确运用语言服务。

（二）标点

1.知识要点：1990 年 3 月，国家语言文字工作委员会、中华人民共和国新闻出版署修订发布的《标点符号用法》中指出：“标点符号是书面语中不可缺少的部分，用来表示停顿、语气以及词语的性质和作用。因此，必须重视标点符号的使用。”

《标点符号用法》中列了 16 种标点符号，下面的顺口溜可帮助同学们记住这些标点符号：

句、逗、顿，分、冒、问，感叹号；（7 种）

引、括、省，破、连、名，还有间隔和着重。（9 种）

（其中“名”指书名号和专名号）

2.学法指导：在作文中能否正确运用标点符号。这里应注意的是有的同学在作文中经常一逗到底，这显然不行。另外，冒号、引号、分号这些标点也容易出错，这也是学生作文中标点扣分较多的地方。冒号、引号也常易出错，如：①我说：“你来，他不来。”②“你来，他不来。”我说。③“你来”，我说，“他不来。”

这类的题型，几乎每年都会考，同学们复习时一定要注意。同时在阅读中要会运用标点来理解文章的内容。

（三）修辞

1.知识要点：应掌握 3 个方面的知识。

（1）8 种修辞方法：比喻、拟人、排比、夸张、对偶、反复、反问、设问。

（2）了解常见的 8 种句式：主动句、被动句、肯定句、否定句、陈述句、疑问句、祈使句、感叹句，会根据表达的需要选择使用句式。

（3）语言表达力争做到简明、连贯、得体。

2.学法指导：在阅读中分析、理解修辞手法、句式变化的运用对表现中心的作用。在写作中掌握这方面的知识，提高自己对语言的运用能力。

（四）文体知识

包括四部分：记叙文、说明文、议论文、应用文。

1.记叙文。

知识要点：

①要素：时间、地点、人物、（事件的）起因、经过、结果。

②人称：第一（我）、第二（你）、第三（他，他们）。

③顺序：顺叙、倒叙、插叙。

④中心：通过记人、叙事、状物、写景表达作者的思想。

⑤详略：与中心有关内容详写，要具体、生动；与中心有关的次要内容略写。

2.说明文。

知识要点：

①对象特征：事物的特征、事理的本质。

②说明的条理：层次结构；说明顺序，包括时间顺序、空间顺序、逻辑顺序。

③说明的方法：分类别、下定义、作比较、打比方、举例了、列数字。

3.议论文。

知识要点：

①论点：作者对所论述问题的见解和主张。

②论据：用来证明论点的事实和道理。

③论证：论述层次、论证方法（例证法、引证法、对比论证法）。

4.应用文。

知识要点：

要重点了解几种常见应用文的格式。

（1）书信——一般书信和申请书、倡议书、感谢信等专用信。

①标题：一般情况下，书信无标题（发表的书信可根据书信的内容或主旨写上标题）。

②称呼：第一行顶格写收信人的称呼，称呼后加冒号。

③正文：第二行空两格写正文。转行，顶格写。如果内容较多，可以分段。

④结尾：结尾要写祝愿或表示敬意的话，“祝”“此致”等词语可以接正文写，也可以另起一行空两格写。“进步”“敬礼”等词语要另起一行顶格写。

⑤署名和日期：在信文的右下方，分两行写。前一行署名，后一行写日期。署名的前面，可根据需要写明收信人的身份、辈份或单位。

⑥填写标准信封：

在信封左上角六个小方格内填写收信人所在地区的邮政编码。

在收信地区邮政编码的下方，写收信人的详细地址或所在单位的详细名称。

在收信人地址或单位名称的下方，居中位置写收信人的姓名。

在收信人姓名的右下方，写寄信人的详细地址和姓名。

在信封右下角的小方格内写寄信人的地区的邮政编码。

（2）通知。

学法指导：

对文体的知识既要掌握（不能死记硬背）又要运用，重点在运用这些文体知识，解决阅读、写作中的问题。具体指导结合现代文的阅读与写作。

三、文学常识

包括小说、散文、诗歌的常识，了解基本篇目中涉及的主要的作家作品。

（一）有关小说、散文、诗歌

（二）知识要点

1.小说。

（1）特点：以塑造人物形象为中心，通过故事情节的叙述和环节的描写反映社会生活。

（2）分类：短篇小说（含小小说）、中篇小说、长篇小说。

（3）要素：人物形象、故事情节（开端、发展、高潮、结局，有时前面有序幕，后面有尾声）、人物活动的具体环境。

（4）描写人物的方法：正面描写：外貌、语言、行动、心理描写；侧面描写。

2.散文。

（1）特点：散文（狭义）是一种自由、灵活地抒写见闻感受的文体。

（2）内容：或状物，或写景，或记人记事，所写的总是作者感悟至深的生活经验的一部分。

（3）形式：从作者主观感受出发，以个人抒情为主，综合运用抒情、叙述、描写、议论等多种表达方式；在结构和行文上，或层次清晰，结构严谨，或灵活自由，形散神不散；语言精练优美，富有特色。

3.诗歌。

（1）特点：偏重于抒情言志，想象丰富，形象鲜明。语言含蓄、凝炼、押韵，句子大体整齐，富有节奏感和音乐美。

（2）体裁：诗歌在漫长的历史进程中，演化出许多不同形式。

从文学角度看，诗歌包括诗、词、曲。诗又分为传统诗体和现代诗体。传统诗体中，有古风（也叫古诗、古体诗，和近体诗相对）与近体诗（包括律诗、绝句）之分，文人诗（有作者的诗）与民歌（民间流传的、集体创作的诗或诗人按民歌体裁写的诗）之分。现代诗体包括新诗（与传统诗体相对，也叫自由诗、现代诗，是“五四”以来产生的白话诗。有的押韵，有的不押韵）、民歌、散文诗。

从内容角度看，诗歌又可分叙事诗、抒情诗、哲理诗。

（三）有关作家作品方面

1.知识要点：对基本课文涉及的下列重要作家作品，要能够准确记住（不能写错别字）作者的姓名、所处的时代（国籍）及对作者的评价，这些作者的作品的篇名、出处等。

如：中国现代和当代作家：鲁迅、郭沫若、茅盾、老舍、叶圣陶、朱自清、闻一多、冰心、赵树理、周立波、吴伯箫、臧克家、鲁彦、萧乾、魏巍、杨朔、王愿坚、艾青、田间、贺敬之、公刘、柯岩。

如：中国古代诗人、作家：司马迁、陶渊明、李白、岑参、杜甫、白居易、杜牧、王勃、王维、韩愈、柳宗元、刘禹锡、欧阳修、苏轼、陆游、范仲淹、李清照、辛弃疾、杨万里、马致远、施耐庵、蒲松龄、曹雪芹、吴敬梓。

如：中国古代文学作品及作者：《诗经》、《左传》（左丘明）、《论语》、《孟子》（孟轲）、《韩非子》（韩非）、《史记》（司马迁）、《列子》（列御寇）、《敕勒歌》、《木兰诗》。

如：外国作家和作品：安徒生和《皇帝的新装》、都德和《最后一课》、契诃夫和《变色龙》、莫泊桑和《我的叔叔于勒》、马克·吐温和《竞选州长》、高尔基和《海燕》、奥斯特洛夫斯基和《生命的意义》。

考试题型：在中考中，这部分知识常用选择题考查作家作品，在阅读的简答题、分析题中考查运用小说、散文的知识去阅读分析文章的思想内容。

2.学法指导：对小说、散文方面的知识应侧重在阅读、写作的运用上。对作家作品则要联系课文，进行分类，比如按作者分，鲁迅的作品共七篇，朱自清、魏巍的作品分别为两篇。

按国家分类，按朝代分类，唐代诗歌九首、文章三篇；宋代诗歌五首、文章四篇；而汉以前的作品诗歌三首，文章八篇，只有《桃花源记》是晋朝，个别作家作品容易混淆，如王维、王勃都是唐朝诗人，写的诗都是歌颂朋友情谊，不妨用“杜勃海”来区别，这像人名，好记，用它把《杜少府之任蜀州》作者王勃名句：“海内存知己，天涯若比邻”，这么多的内容都包括了。再如南北朝民歌是诗歌，一诗《木兰诗》、一歌《敕勒歌》。当然还有许多这类小窍门，同学们可以自己创造，便于记忆。

第二部分　阅读

一、文言文阅读

（一）知识要点

学习文言文的重点是文言文的读音、断句、对句意的理解、对精美语段的背诵、对文章内容的要点概括这五个方面，近年来为了更好地提高学生文言文的阅读能力，也扩大了课本以外的浅显的文言文阅读。

（二）学法指导

1.读准字音：借助课本（书下注释）和工具书，读准字音。文言文中的生僻字，多音多义字，通假字，古代人名，地名仍保留古音的字，这些都是学习的重点。

2.学会断句：在理解句意的基础上进行朗读，词之间的停顿根据文意，古汉语大多采用单音词表意，不要把两个相邻的单音词误读为现代汉语的合成词。长句可根据义意断句，句首的语气词可停顿。

3.理解句意。

（1）借助课文注释、工具书理解句意。

（2）了解古今词义变化，正确理解句意。

（3）结合上下文理解句意。

4.背诵精美选段：要想背得快、记得牢，首先要读准课文，一字不差，不丢字，不多字，不错字，认真地逐字读，待到读熟后，再考虑背诵。一篇新课文，最主要的是先读正确，否则读错的地方形成习惯很难纠正。其次，边读边理解，已有理解内容，才能背得准确。第三，背诵时可将较长的文章分成小段，“个个击破”。第四，借助联想、形体动作辅导记忆背诵。第五，不断复习，任何人的记忆不可能一次完成，有计划地进行反复训练，可以增强记忆。第六，背诵中心难点易错之处，可摘重点写笔记。

5.对内容要点的概括：针对文章的内容，一般设问：写了什么人，叙了什么事，介绍了什么物品的特点，阐述了怎样的道理，回答这些问题，就要逐句、逐层、逐段地理解文章，在阅读方法上是与现代文相同的，文言文虽然距离我们的生活较远，但它的学习是有明确范围的，无论哪个知识题，都以课本为主。所以一般情况下，同学们只要肯下力气，文言文的成绩就会较好。

第三部分　现代文阅读

一、了解初中现代文阅读学习的总要求

（一）知识要点

如今，我们生活在一个信息社会，每天都要获取大量的信息，阅读是我们获取信息的主渠道。因此，培养现代文的阅读能力是非常重要的。新课标规定初中学生掌握的阅读能力，归纳起来共 6 点：

1.阅读一般现代文，能领会词句在文中的含义和作用，现解文章的思想内容。

2.理解文章的思路，理清文章的结构，把据文章的中心。

3.理解文章采用的写作方法，分析这些方法都是为表达内容、突出中心服务的（写作方法的作用）。

4.阅读文章，能概括文中的内容，学会表达。

5.能根据不同的文体特点，阅读不同文体的文章。熟读、背诵基本篇目中的篇和段。

6.能针对文章的内容、写法进行评价和创新。

（二）学法指导

1.读懂文章：读懂文章的重要标志是：文章写了什么，写这些

内容的目的是什么，作者运用了哪些写法表达文章中心，这些写法对表现中心有何作用。

常见的问题。

（1）以偏概全：如概括段意，这段有两层意思，可设题时只以第一层为段意。

（2）过于笼统：如概括段意，设题这段介绍了石拱桥的特点，而没有讲明特点是什么，（正确的应是介绍石拱桥的特点是形式优美、结构坚固）

（3）理解不到位：如马玉祥火中救小孩表现了马玉祥英勇，不怕牺牲。（而这件事最主要的是表现马玉祥的国际主义精神）

（4）缺乏上下文联系，如设题《背影》"我的泪又流下来了"，"又"字表现了再一次的意思。正确的分析应是联系前文，我看见父母艰难过铁道时，我的泪流出来了，这里是与父亲分别，望着父亲的背影时，我的泪又流出来，表明我对父亲的深爱。

2.以课本为范例，学习掌握阅读方法：我们的课文都是经过专家精选的美文佳作，在思想内容上是健康的、积极向上的；在文章结构上是严谨的、规范的、在语言表达上是简明、连贯得体的典范，因此利用教材做例子，学习掌握阅读方法是最好的途径，基本篇目中的重点段应逐句逐层地认真研读，只有在课内段的阅读分析中学到方法，才可能在考试时阅读课外选文。

3.阅读能力的基本功训练，体现在"段"上，一篇文章中涉及的各种能力，在"段"中都有体现。而"段"短小，易把握；可以通过"段"采掌握阅读的各种方法。

（1）整体看一遍此段讲述的内容是什么。

（2）逐句研究每句话的大意。

（3）研究这段中的句子之间的联系，将句意相近的几句归为一层，概括层意。

（4）根据段中的几层之间的关系，总结段意。

（5）再看这段为表达这个段意，用了哪些写法。

4.学会分析，概括地表述：现代文阅读不仅考查学生的理解判断能力，还考查学生的表达能力，而表达能力一直是学生们的弱项，如何分析、概括文章的内容，现在介绍几种方法。

（1）善于利用文章的语句来概括：一般试题要求学生概括段意、中心。要认真读原文，看看原文中是否有中心句，利用中心句既简单又准确，如没有中心句，改造重点句，或将其组合，或摘其重点词语。如文中没有明显的语句，那么，用自己的语言组织好后，经过简练再表达。

（2）分析词语的作用要结合语境：分析词语的作用时，首先要解释这个词，再结合语境看这个词的含义，讲明作用。如“我用儿童的狡猾的眼光察觉，她爱我们并没有存心要打的意思”，其中“狡猾”一词在这里表现了儿童的天真聪明、调皮，突出了我们爱老师的感情。再如“这时候，蔡老师援助了我，批评了我的‘反对派’们，还写了一封信劝慰我，说我是‘心清如水的学生’”。分析“劝慰”的作用。应先解释“劝慰”有劝解、安慰的意思，在这里含有对“我”的关爱和帮助，表现了老师对我的爱。通过以上两个例子可以看出，结合语境实际就是结合这个段的段意。因为作者写文章时，选取的任何词、句都是为表现文章内容（段意）服务的。

（3）分析句子之间的内在联系要结合具体内容。

（4）分析写作方法的作用要扣住中心。

第四部分　作文

（一）知识要点

1.了解新课标的要求：新课标规定的“写作能力要求”能写记叙文、简单的说明文、议论文和一般的应用文，做到思想感情真实、健康，内容具体，中心明确，条理清楚，文字通顺，不写错别字，正确使用标点符号，格式正确，书写规范、工整。初步养成修改文章的习惯。在实际考查中，初中作文考试大多是写记叙文，因此掌握记叙文的写作尤为重要。

2.了解作文的评分标准：依据大纲对写作的要求，作文评分标准一般从以下三个方面进行给分，第一是书写，要求书写时字迹工整，标点正确，书写格式规范，这项一般占作文分的四分之一，约10分。第二是内容。要求作文符合题意，中心明确，内容具体。这部分约占作文总分的三分之一，约占20分。第三是表达，要求作文的结构合理、详略得当、语言顺畅、叙述具体、描写议论得当。这部分约占作文总分的二分之一，30分。

从评分标准可以看出，中考作文对书写、中心、语言表达三个方面要求比较高。

（二）学法指导

1.学会确立中心：确立中心最好的办法是学会列提纲。根据题目的要求，思考作文想说明一个什么道理（即文章的中心），然后再考虑选哪些材料来写，确定详略，再安排结构，将这个提纲写好后，再二次审题，看自己的提纲是否符合题目要求，如有差误，及时修改（避免成文后再改，已经来不及了）确保文章能扣题，符合题意。

2.学会恰当地运用描写、议论等表达方式：作文中凡是能突出中心事件、人物都要有详细的描写，如《合作》一文，详写的部分应是你如何与别人共同完成一件事，那么，你们之间如何合作的过程就非要具体描写不可，而与中心无关的内容，就可以简单几句话略写，甚至不写。

在记叙文中恰当的议论也是非常必要的，一般出现在开头、结尾。在结尾时适当地进行议论可以起到画龙点睛、突出中心的作用。要注意的问题是：议论的语句一定要缘事而发，针对记叙的内容，或谈它的意义，或揭示其规律，或表明自己的态度。

3.注意的几个问题

（1）要有语言的储备库：平时要多读书，好的文章要背下来，精彩的词、句、段应抄下来。

（2）要有语言的实践训练：平时应加强写作的片段练习，比如仿写续写、改写、缩写、扩写 。

（3）要精写和多写相结合：好文章不是写出来的，而是改出来的；勤动笔，以我手写我心。

（三）怎样写应试作文

1.按题目要求作文：我们平时作文，是为了练习写作，提高文字表达水平。应试作文是为了展开写作水平，接受选拔。应试作文为了防止“虚构”，它的题目和平时作文必须有所区别；为了叫绝大多数考生都有话可说，它的题目不能太偏，为了公平评判考生的成绩，它还有一套详细的评分标准。因此，必须在审题上下一番工夫，搞清楚题目的要求，严格地按题目的要求作文。不按题目的要求作文，即使文字水平再高，也不能得到较高的分数，有时应试作文的题目和平时作文的题目极其相似，也不能照搬平时的作文，也要一丝不苟、不折不扣地照题目要求进行构思，严格按题目要求来写。

2.把开头结尾写好：我们平时在课堂上学的各种开头结尾的方法，应试作文当然都可以使用。但是评卷老师最青睐的是起笔入题的开头，因为评分标准中非常重要的一项就是切题。评卷老师最青睐的结尾就是收束全文，点明主旨，因为结构完整也是比较重要的一条评分标准。

3.把话说明白：有的同学作文时喜欢推敲字句，这在平时当然很好。但应试作文时间有限，字斟句酌反而束缚住自己，妨碍思路的展开。有人一拿起笔就端起作文的架子，很简单的一句话，写起来也要绕几个弯子。这样的文章看起来都觉得别扭，不如写大白话，怎样想，就怎样写。

4.注意分段：有的同学爱写三段的文章，开头一小段，结尾一小段，中间一大段。这样的文章显得层次不清，因为所有的内容都挤在第二段里了。可以把中间的那一大段再分成若干小段，这样，就显得层次清楚了。

5.把每段的第一句写好：每段的首句，仿佛人的眉目，把这句写好了，眉清目秀，整个段落都显得精神。每段的第一句，写成什么样最好呢？按应试作文来说，写成能概括全段大意的中心句最好。因为评卷老师看我们的作文不像平时看书那样从容，他能在每段之首找到中心句，阅读我们的文章就非常便利了。

6.卷面上尽量少修改：文章某处改动一下是难免的，但改得多了，会影响卷面整洁。实在非改不可，也要使用标准的修改符号，切记“涂鸦”。另外在卷面上作段落顺序的调整也会影响卷面的整洁。

如何学好数学

要回答这个问题似乎非常简单：把定理、公式都记住，勤思好问，多做几道题，不就行了。

事实上并非如此，比如：有的同学能把书上的黑体字一字不落地背下来，可就是不会用；有的同学不重视知识、方法的产生过程，死记结论，生搬硬套；有的同学眼高手低，“想”和“说”都没问题，一到“写”和“算”，就漏洞百出，错误连篇；有的同学懒得做题，觉得做题太辛苦、太枯燥，负担太重；也有的同学题做了不少，辅导书也看了不少，成绩就是上不去；还有的同学复习不得力，学一段、丢一段。

究其原因有两个：一是学习态度问题：有的同学在学习上态度暧昧，说不清楚是进取还是退缩，是坚持还是放弃，是维持还是改进，他们勤奋学习的决心经常动摇，投入学习的精力也非常有限，思维通常也是被动的、浅层的和粗放的，学习成绩也总是徘徊不前。反之，有的同学学习目的明确，学习动力强劲，他们拥有坚韧不拔的意志、刻苦钻研的精神和自主学习的意识，他们总是想方设法解决学习中遇到的困难，主动向同学、老师求教，具有良好的自我认识能力和创造学习条件的能力。二是学习方法问题：有的同学根本就不琢磨学习方法，被动地跟着老师走，上课记笔记，下课写作业，机械应付，效果平平；有的同学今天试这种方法，明天试那种方法，“病急乱投医”，从不认真领会学习方法的实质，更不会将多种学习方法融入自己的日常学习环节，养成良好的学习习惯；更多的同学对学习方法存在片面的、甚至是错误的理解，比如，什么叫“会了”？是“听懂了”还是“能写了”，或者是“会讲了”？这种带有评价性的体验，对不同的学生来说，差异是非常大的，这种差异影响着学生的学习行为及其效果。

由此可见，正确的学习态度和科学的学习方法是学好数学的两大基石。这两大基石的形成又离不开平时的数学学习实践，下面就几个数学学习实践中的具体问题谈一谈如何学好数学。

一、数学运算

运算是学好数学的基本功。初中阶段是培养数学运算能力的黄金时期，初中代数的主要内容都和运算有关，如有理数的运算、整式的运算、因式分解、分式的运算、根式的运算和解方程。初中运算能力不过关，会直接影响高中数学的学习：从目前的数学评价来说，运算准确还是一个很重要的方面，运算屡屡出错会打击学生学习数学的信心，从个性品质上说，运算能力差的同学往往粗枝大叶、不求甚解、眼高手低，从而阻碍了数学思维的进一步发展。从学生试卷的自我分析上看，会做而做错的题不在少数，且出错之处大部分是运算错误，并且是一些极其简单的小运算，如 71－19=68，(3+3)2=81 等，错误虽小，但决不可等闲视之，决不能让一句“马虎”掩盖了其背后的真正原因。帮助学生认真分析运算出错的具体原因，是提高学生运算能力的有效手段之一。在面对复杂运算的时候，常常要注意以下两点：①情绪稳定，算理明确，过程合理，速度均匀，结果准确；②要自信，争取一次做对；慢一点，想清楚再写；少心算，少跳步，草稿纸上也要写清楚。

二、数学基础知识

理解和记忆数学基础知识是学好数学的前提。

1.什么是理解？

按照建构主义的观点，理解就是用自己的话去解释事物的意义，同一个数学概念，在不同学生的头脑中存在的形态是不一样的。所以理解是个体对外部或内部信息进行主动的再加工过程，是一种创造性的“劳动”。

理解的标准是“准确”“简单”和“全面”。“准确”就是要抓住事物的本质；“简单”就是深入浅出、言简意赅；“全面”则是“既见树木，又见森林”，不重不漏。对数学基础知识的理解可以分为两个层面：一是知识的形成过程和表述；二是知识的引申及其蕴涵的数学思想方法和数学思维方法。

2.什么是记忆？

一般地说，记忆是个体对其经验的识记、保持和再现，是信息的输入、编码、储存和提取。借助关键词或提示语尝试回忆的方法是一种比较有效的记忆方法，比如，看到“抛物线”三个字，你就会想到：抛物线的定义是什么？标准方程是什么？抛物线有几个方面的性质？关于抛物线有哪些典型的数学问题？不妨先写下所想到的内容，再去查找、对照，这样印象就会更加深刻。另外，在数学学习中，要把记忆和推理紧密结合起来，比如在三角函数一章中，所有的公式都是以三角函数定义和加法定理为基础的，如果能在记忆公式的同时，掌握推导公式的方法，就能有效地防止遗忘。

总之，分阶段地整理数学基础知识，并能在理解的基础上进行记忆，可以极大地促进数学的学习。

三、数学解题

学数学没有捷径可走，保证做题的数量和质量是学好数学的必由之路。

1.如何保证数量？

（1）选准一本与教材同步的辅导书或练习册。

（2）做完一节的全部练习后，对照答案进行批改。千万别做一道对一道的答案，因为这样会造成思维中断和对答案的依赖心理；先易后难，遇到不会的题一定要先跳过去，以平稳的速度过一遍所有题目，先彻底解决会做的题；不会的题过多时，千万别急躁、泄气，其实你认为困难的题，对其他人来讲也是如此，只不过需要点时间和耐心；对于例题，有两种处理方式：“先做后看”与“先看后测”。

（3）选择有思考价值的题，与同学、老师交流，并把心得记在自习本上。

（4）每天保证 1 小时左右的练习时间。

2.如何保证质量？

（1）题不在多，而在于精，学会“解剖麻雀”。充分理解题意，注意对整个问题的转译，深化对题中某个条件的认识；看看与哪些数学基础知识相联系，有没有出现一些新的功能或用途？再现思维活动经过，分析想法的产生及错因的由来，要求用口语化的语言真实地叙述自己的做题经过和感想，想到什么就写什么，以便挖掘出一般的数学思想方法和数学思维方法；一题多解，一题多变，多元归一。

（2）落实：不仅要落实思维过程，而且要落实解答过程。

（3）复习：“温故而知新”，把一些比较“经典”的题重做几遍，把做错的题当做一面“镜子”进行自我反思，也是一种高效率的、针对性较强的学习方法。

四、数学思维

数学思维与哲学思想的融合是学好数学的高层次要求。比如，数学思维方法不是单独存在的，都有其对立面，并且两者能够在解决问题的过程中相互转换、相互补充，如直觉与逻辑发散与定向、宏观与微观、顺向与逆向等，如果我们能够在一种方法受阻的情况下自觉地转向与其对立的另一种方法，或许就会有“山重水复疑无路，柳暗花明又一村”的感觉。比如，在一些数列问题中，求通项公式与前 n 项和公式的方法，除了演绎推理外，还可用归纳推理。应该说，领悟数学思维中的哲学思想和在哲学思想的指导下进行数学思维，是提高学生数学素养、培养学生数学能力的重要方法。

总而言之，只要我们重视运算能力的培养，扎扎实实地掌握数学基础知识，学会聪明地做题，并且能够站到哲学的高度去反思自己的数学思维活动，我们就一定能早日进入数学学习的自由王国。

很多人在考试时总考不出自己的实际水平，拿不到理想的分数，究其原因，就是心理素质不过硬，考试时过于紧张的缘故，还有就是把考试的分数看得太重，所以才会导致考试失利，你要学会换一种方式来考虑问题，你要学会调整自己的心态，人们常说，考试考的三分是水平，七分是心理，过于追求往往就会失去，就是这个缘故；不要把分数看得太重，即把考试当成一般的作业，理清自己的思路，认真对付每一道题，你就一定会考出好成绩的；你要学会超越自我，这句话的意思就是，心里不要总想着分数、总想着名次；只要我这次比我上一次考试的成绩有所提高，哪怕是只高一分，那我也是超越了自我。这也就是说，不与别人比成绩，就与自己比，这样你的心态就会平和许多，就会感到没有那么大的压力，学习与考试时就会感到轻松自如；你试着按照这种方式来调整自己，你就会发现，在不经意中，你的成绩提高了许多。

如何学好初中英语

想学好英语，首先要培养自己对英语的兴趣。“兴趣是最好的老师”,兴趣是学习英语的巨大动力，有了兴趣，学习就会事半功倍。我们都有这样的经验：喜欢的事，就容易坚持下去；不喜欢的事，是很难坚持下去的。而兴趣不是与生俱来的，需要培养。有的同学说：“我一看到英语就头疼，怎么能培养对英语的兴趣呢？”还有的同学说：“英语单词我今天记了明天忘，我太笨了，唉，我算没治了。”这都是缺乏信心的表现。初学英语时，没有掌握正确的学习方法，没有树立必胜的信心，缺乏克服困难的勇气，丧失了上进的动力，稍遇失败，就会向挫折缴枪，向困难低头。你就会认为英语是一门枯燥无味的学科，学了一段时间之后，学习积极性逐渐降低，自然也就不会取得好成绩。但是，只要在老师的帮助下，认识到学英语的必要性，用正确的态度对待英语学习，用科学的方法指导学习。开始时多参加一些英语方面的活动，比如 ，唱英文歌，做英语游戏，读英语幽默短文，练习口头对话等。时间长了，懂得多了，就有了兴趣，学习起来就有了动力和欲望。然后，就要像农民一样勤勤恳恳，不辞辛苦，付出辛勤的劳动和汗水，一定会取得成功，收获丰硕的成果。毕竟是No pains, no gains。

练好基本功是学好英语的必要条件，没有扎实的英语基础，就谈不上继续学习，更谈不上有所成就。要想基本功扎实，必须全神贯注地认真听讲,上好每一节课，提高课堂效率，脚踏实地、一步一个脚印地，做到以下“五到”：

1.“心到”。在课堂上应聚精会神，一刻也不能懈怠，大脑要始终处于积极状态，思维要活跃，思路要开阔，心随老师走，听懂每一句话，抓住每一个环节，理解每一个知识点，多联想，多思考，做到心领神会。

2.“手到”。学英语，一定要做课堂笔记。因为人的记忆力是有限的，人不可能都过目不忘，记忆本身就是不断与遗忘作斗争的过程。常言说，“好脑筋不如烂笔头”。老师讲的知识可能在课堂上记住了，可是过了一段时间，就会忘记，所以，做笔记很有必要。英语知识也是一点点积累起来的，学到的每一个单词、词组以及句型结构，都记在笔记本上，甚至是书的空白处或字里行间，这对以后的复习巩固都是非常方便的。

3.“耳到”。在课堂上，认真听讲是十分必要的，不但要专心听老师对知识的讲解，而且要认真听老师说英语的语音、语调、重音、连读、失去爆破、断句等发音要领，以便自己能说出纯正地道的英语口语。听见、听懂老师传授的每一个知识点，在头脑里形成反馈以帮助记忆；理解领会老师提出的问题，以便迅速作答，对比同学对问题的回答，以加深对问题的理解而取别人之长补自己之短。

4.“眼到”。在认真听讲的同时，还要双眼紧随老师，观察老师的动作、口形、表情、板书、绘图、教具展示等。大脑里形成的视觉信息和听觉信息相结合，印象就会更加深刻。

5.“口到”。学习语言，不张嘴不动口是学不好的，同学们最大的毛病是读书不出声，害羞不敢张嘴。尤其是早读课，同学们只是用眼看或默读，这样就只有视觉信息，而没有听觉信息在大脑里的反馈，当然记忆也不会太深刻，口部肌肉也得不到锻炼，也就很难练就一口纯正的英语。所以，要充分利用早晨头脑清醒的时间，大声朗读；课堂上要勇跃回答老师提问，积极参与同学间的讨论和辩论，课下对不清楚的问题及时提出，要克服害羞心理，不懂就问。对学过的课文要多读、勤读、苦读，可以跟录音机读，竭力模仿其语音语调以纠正自己的发音，要读得抑扬顿挫、朗朗上口，一些精典文章最好能背得滚瓜烂熟。利用一切可能的机会，练习英语口语，比如，与外教交流、参加“英语角”活动、与同学进行对话、讲英语故事、唱英文歌曲、演英语短剧、进行诗歌朗诵等。除了对课本中的范文要细读精读之外，还要多看些适合我们中学生的课外读物，既可增长知识，又开阔了我们的视野，也提高了我们的阅读水平。

学英语，词汇的记忆是必不可少的，词汇是学好英语的基础，没有了词汇，也就谈不上句子，更谈不上文章，所以记单词对我们就显得极其重要。记忆单词关键有二：

一是持之以恒：每天坚持记忆一定量的词汇，过几天再回头复习一次，这样周期循环，反复记忆，经常使用，就会变短时记忆为长时记忆并牢固掌握。需要注意的是，一旦开始，就要坚持下来，千万不能半途而废，切记不可三天打鱼，两天晒网。

二是良好的记忆方法：记忆单词的方法很多，学无定法，但学有良法。笔者认为，张思中的“集中识词，分类记忆”不失为一种适合中学生的好方法。把中学生应掌握的 3 500 个单词集中汇总，分门别类，先过单词关，然后再学教材，在课本中使用和巩固它们的用法。分类的方法有多种，同一元音或元音字母组合发音相同的单词归为一类；根据词形词性、同义词反义词等集中记忆；把相同词根、前缀、后缀、合成、转化、派生等构词法相同的单词或词组列在一起集中识记，印象比较深刻，记忆效果也比较明显。这样每天记 40～80 个单词，坚持不懈，多联想、多思考、多使用，词汇问题不就解决了吗？在学习的过程中多重视单词的用法和词组的搭配，牢记老师讲过的单词惯用法和句型，这样不仅有助于我们解题，而且在写作时也会信手拈来，运用自如。

把单词记住，了解词性、词义，掌握其固定搭配与习惯用法，背会时态、从句的各种用法，工作只是完成了一半，我们还得将它们应用到实践中去。就像学游泳，光学理论，不下水应用，不等于掌握了这门技术。不必要搞题海战术，但一定量的典型练习巩固所学知识是必不可少的。先重视基础练习，如课后习题、单元同步练习，这些是针对课堂知识的巩固性练习，不能好高骛远，光想着一口吃个胖子。基础知识掌握后，有的放矢地做一些语法方面的专项练习和考试题型的专题练习。特别提倡同学们准备一本“错题集”，把平时做错的具有代表性的试题或语言点记录下来，以备将来查漏补缺，这样对知识的掌握可以达到事半功倍的效果。

英语是一种语言，不是记住了单词、词组、句型和语法项目就是把它学好了，关键在于使用语言，所以在学习英语时一定要注意听、说、读、写、译全面发展。英语学习首先是一个记忆过程，然后才是实践过程。学习英语，无论如何，勤奋是不可少的，它是一个日积月累的渐进过程，是没有任何捷径可走的，也没有所谓“速成”的灵丹妙方，急于求成，不做踏实工作，是学不好英语的。任何成功的获得都要靠自己的努力，要踏踏实实、勤勤恳恳、兢兢业业、一步一个脚印地学习，端正态度，认真对待学习中的挫折和失败。失败并不可怕，可怕的是对自己丧失信心而一蹶不振。对考试的失败，冷静分析，认真思考，只要对胜利充满信心，善于总结经验教训，不断努力，不断追求，一定会取得成功。

怎样学好初中物理

一、物理学习的方法和技巧

同学们，当你翻开八年级物理教材，走进神奇的物理世界时，你会发现，物理是一门十分有趣、十分有用而又十分重要的学科。对于这样一门学科，怎样才能学好它呢?初中物理教材的栏目丰富多彩，但这些多彩的栏目都是围绕着物理知识的学习、应用和科学探究展开的。要学好初中物理，就必须把三个方面的内容学好。下面就这三方面内容学习的方法和技巧给大家作个简单的介绍。

（一）要重视对物理知识的理解

物理知识的大厦是由物理概念和物理规律构建的。对它们的学习要做到知其然，还要知其所以然，决不能只满足于对内容的死记硬背。要知其所以然，就不但要知道物理概念、物理规律的内容，还必须了解它们产生的背景，知道它们是通过对哪些物理现象的分析归纳总结出来的;同时，要重视对物理概念、规律内涵的理解，明确它们与相关知识的区别与联系，并能应用它们分析解决实际问题。

例如对物理概念速度的学习，不少同学开始学习时，以为在数学里已经知道速度等于物体在单位时间内通过的路程，没有什么可学的。但实际上，要掌握速度这个物理概念，只知道它等于物体在单位时间内通过的路程是远远不够的。首先，还必须知道它是用来比较物体运动快慢的，要比较物体运动的快慢，既可以比较相同时间内物体运动的路程的多少，还可以比较运动相同的路程所用时间的多少。物理学里速度的定义采用的是前一种方法，大家熟悉的百米赛跑则是采用后一种方法。其次，还应知道速度常用的单位，会测量物体运动的速度，能分析解决一些与速度有关的物理问题。比如坐在高速公路上行驶的汽车里，能利用钟表测汽车的速度。

（二）要重视理论联系实际

从自然和生活现象走进物理，探究物理规律，然后将所学的物理知识用于生活、生产中，这是“华东版”初中物理教材的一个特点。物理知识与自然现象、工农业生产、社会生活有着密切的联系，不少物理知识都是从自然现象中归纳总结出来的。同时，物理知识在生活、工农业生产、现代科技上都有广泛的应用。要学好物理，必须注意物理知识与实际的联系，这样才会使我们对物理知识有较深的理解，使我们运用物理知识分析解决实际问题的能力得到提高。

初中物理知识能解释很多生活中遇到的问题。用学到的物理知识去分析、解释、解决实际问题，是学习物理要培养的一种重要能力。同学们在学习物理的过程中，一定要注意不断增强应用所学物理知识解决实际问题的意识，逐渐养成用所学物理知识解决实际问题的习惯。

做物理题是运用所学物理知识解决实际问题的一种重要方式。它有助于巩固所学的物理知识，加深对所学物理知识的理解，提高运用所学物理知识分析解决实际问题的能力。做物理题，一定要养成独立思考、独立分析的习惯。在独立思考无法解决的基础上，再与其他同学共同探讨或请教老师。

（三）要重视对科学探究的体验

物理是一门以观察、实验为基础的学科，物理知识一般是通过观察、猜想、实验概括归纳出来的。物理知识的产生过程蕴涵着很多科学探究的方法:观察发现问题、提出问题、猜想假设问题的成因、制订解决问题的计划与设计解决问题的方案，科学地进行实验，分析实验结果，得出实验结论等。

学习物理一定要重视对科学探究的体验。要重视对自然界和实验中物理现象的观察，物理现象是产生物理知识的基础，不了解相关的物理现象，你就很难对物理知识有深入的认识。要注意通过观察物理现象发现问题、提出问题，大胆、科学地对问题的成因进行猜想。如摩擦力是同学们所熟知的，但摩擦力的大小与哪些因素有关呢?我们可以从摩擦力是发生在相互接触的物体间，去猜想摩擦力可能与两个相互接触的物体的接触面大小有关、与相互接触的物体接触面的粗糙程度有关。这样的猜想对学好物理、培养同学们的创新精神是很有用的。

实验在物理课中占有十分重要的位置，它是物理知识的重要组成部分。学习物理，要高度重视实验。教材中的实验探究、小实验要尽可能自己动手做。要逐步学会根据实验目的选择实验仪器、设计实验方案、按规则进行实验，以实事求是的科学态度分析实验现象和实验数据，得出实验结论。

二、学好物理的几个方面

要学好初中物理，须从以下几个方面做好：

（一）细读书，多设问，培养自学能力

教材的阅读、主要包括课前阅读、课堂阅读和课后阅读。课前阅读，有的放矢，根据课本内容的不同，结合课文中提出的问题，边读边想，通过阅读，对新课内容有一个粗略的了解，弄清知识点，找出重点、难点，作出标记，以便在课堂上听教师讲解时突破，攻克难点。

课堂阅读，就是在进行新课的过程中阅读，对于那些重点知识概念、规律等要边读边记，对于关键的字、词、句、段落要用符号标志，只有抓住关健，才能深刻理解，也才能准确掌握所学的知识。精读细抠，明确概念、规律的内涵和外延，在阅读时，若遇疑难，要反复推敲，为什么这样说，能不能那样说，为什么？弄清其原因。

课后阅读，结合课堂笔记，在阅读的基础上勤总结、归纳，新课结束或学完一章后，结合课堂笔记去阅读，及时复习归纳，把每节或每章的知识按“树结构”或以图表形式归纳，使零碎的知识逐步系统化、条理化，通过归纳，可以把学过的知识串成线，连成网，结成体，以便加深理解，使知识得到升华。

（二）细观察，会观察，培养观察能力

观察是学习物理获得感性认识的源泉，也是学习物理学的重要手段，初中阶段主要观察物理现象和过程，观察实验仪器和装置及操作过程，观察物理图表、教师板书等。观察要有主次。如在观察水的沸腾时，要围绕下列问题观察：沸腾前气泡发生的位置，气泡大小、多少，温度计的读数怎样变化；沸腾时观察气泡的变化，温度计的读数是否有变化？停止沸腾时，温度是否变化。

1.观察要有步骤。复杂的物理现象，应按照一定的步骤，一步步地仔细观察，如在“研究液体的压强”实验中，可按以下步骤进行：首先要观察所使用的压强计，用手指挤压压强计盘上的橡皮膜，观察金属盒上的橡皮膜受到压强时，形管两边液面出现的高度差，压强越大，液面的高度差也越大。

2.将水倒入烧杯中，将压强计的金属盒放入水中，观察形管两边液面是否出现高度差，根据观察判断水的内部是否存在压强。

3.改变橡皮膜所对方向，再观察形管两边的液面，根据观察判断水是否向各个方向都有压强，其大小有什么关系。保持金属盒所在的深度不变，使橡皮膜朝上、朝下、朝各个侧面，比较同一深度，水向各个方向的压强有什么关系。

4.将金属盒放入不同深度，水的压强随深度增加怎样改变 。

5.观察在同一深度清水的压强和盐水的压强是否相同。

6.观察时要思考。如在引入“牛顿第一运动定律”前做有关演示时，当观察了同一高度处的小车从斜面上分别经过毛巾、棉布、木板表面时运动的距离越来越远后，要认真思考：小车在不同的水平面上运动的距离大小跟什么有关。当小车在水平面上运动时受摩擦力很小时，运动的距离很大吗？当小车在光滑的平面上无阻力运动时，运动的距离将有多远。经过观察、思考、推理后，加深对定律的理解。

（三）勤实验，会操作，提高实验技能

实验是研究物理的基本方法，它对激发学生学习物理的兴趣，培养观察分析能力，提高实验技能，起着非常重要的作用。实验应包括演示实验、学生实验、边学边实验和小实验。演示实验起着潜移默化的示范作用，通过演示实验可以分析物理现象，获得丰富的感性认识，从而更好地理解、掌握物理概念和规律。在学生实验中，要接触实验器材，了解实验目的和原理，严格按使用规则和程序亲自操作，作必要的记录，根据实验内容得出结论，要做到手、眼、脑并用，通过实验，自己去“发现”规律，学到探索物理知识的方法。

（四）多思考，细比较，培养思维能力

孔子说过：“学贵有疑，小疑则小进，大疑则大进”。疑是学习的开端、思维的动力，在物理学习中，要结合教材中的“想想议议”，进行巧妙的设疑，多动脑积极思维，多质疑，多解疑，才能真正弄清物理概念、规律的内涵和外延，并提高表述能力。对教材上的各种结论，不仅要善于从正面提出问题，还要善于反向思考，如“一切物体在没有受到外力作用的时候，总保持匀速直线运动状态或静止状态。”而保持匀速直线运动状态或静止状态的物体是不是都没有受到外力作用呢？通过反向思考，有助于弄清结论成立的前提，并能提高分析问题、解决问题的能力。物理知识本身有许多相似的地方，但又有区别。如某些现象相似，但实质不一；某些物理量的测量方法相似，但所用的器材不同，等等。所以在学习中一定要积极思维，运用分析、比较的方法，找出异同和联系，掌握知识的本质。例如，蒸发和沸腾的异同点就可列表比较，质量和重力、压力和重力有什么区别和联系等，都可以列表比较，通过比较，加深对物理概念和规律的理解，同时培养自己的科学思维能力。

（五）善记忆，会记忆，提高记忆效益

为了使学到的知识牢固地铭刻，必须加强记忆，如图表记忆、顺口溜记忆、理解记忆、类比记忆、系统记忆、形象记忆等，这些巧记、妙记，都能缩短记忆周期，使知识信息贮存得牢固。如果能做到科学记忆，就可以在头脑中建立起一个“智慧的仓库”，在新的学习活动中，当需要某些知识时，则可随时取用，从而保证了新知识的学习和思考的迅速进行。

（六）广训练，精练习，提高学习成绩

练习是掌握知识、巩固知识的重要途径之一，练习包括课堂练习、作业练习、实验操作练习、单元练习及综合练习等，在练习时要注意处理好以下几点：遵循由易到难循序渐进的原则，有计划、有目的地进行不同程度、不同方式的适量练习，既要有知识覆盖面，又要有适当的知识梯度。进行科学的思维活动，不断探索解题的方法、思路和技巧，以便举一反三、触类旁通，如解题时要认真审题，抓住关键的词句和物理过程仔细分析，同时应反思解题过程，勇于修正错误，不断提高解题能力和思维效率。总之，阅读、观察、实验、思维、记忆、练习等方法是相互联系、相辅相成的，缺一不可。做到这几点，你一定能学好物理。

三、学好物理应注重的基本环节

要学好初中物理，还应注重以下基本环节：

（一）注重三个基本

基本概念要清楚，基本规律要熟悉，基本方法要熟练。关于基本概念，举一个例子。比如速度，它是表示物体在单位时间里通过的路程：$V=s/t$。关于基本规律，比如说平均速度的计算公式也是$V=s/t$。它适用于任何情况，例如一个百米运动员他在通过一半路程时的速度是 10 m/s,到达终点时的速度是 8 m/s,跑完整个 100 m 花的时间是 12.5 s，问该运动员在百米赛跑过程中的平均速度是多少？按平均速度的规律，平均速度等于 V=100/12.5=8 m/s。再说一下基本方法，研究初中物理问题有时也要注意选取“对象”，例如，在用欧姆定律解题时，就要明确欧姆定律是用到整个电路即整体上，还是用到某个电阻即单独的某一个电阻上。

（二）独立做题

要独立地（指不依赖他人）、保质保量地做一些题。题目要有一定的数量，不能太少，更要有一定的质量，就是说要有一定的难度。任何人学习数理化不经过这一关是学不好的。独立解题，可能有时慢一些，有时要走弯路，有时甚至解不出来，但这些都是正常的，是任何一个初学者走向成功的必由之路。

（三）分析过程

要对物理过程一清二楚，物理过程弄不清必然存在解题的隐患。题目不论难易都要尽量画图，有的画草图就可以了，有的要画精确图，要动用圆规、三角板、量角器等，以显示几何关系。画图能够变抽象思维为形象思维，更精确地掌握物理过程。有了图就能作状态分析和动态分析，状态分析是固定的、死的、间断的，而动态分析是活的、连续的，特别是在解关于电路方面的题目，不画电路图是较难弄清电阻是串联还是并联的。

（四）认真上课

上课要认真听讲，不走神或尽量少走神。不要自以为是，要虚心向老师学习。不要以为老师讲得简单而放弃听讲，如果真出现这种情况可以当成是复习、巩固。尽量与老师保持一致、同步，不能自搞一套，否则就等于是完全自学了。入门以后，有了一定的基础，则允许有自己一定的活动空间，也就是说允许有一些自己的东西，学得越多，自己的东西越多。

（五）作好笔记

上课以听讲为主，还要有一个笔记本，有些东西要记下来。知识结构、好的解题方法、好的例题、听不太懂的地方等都要记下来。课后还要整理笔记，一方面是为了“消化好”，另一方面还要对笔记作好补充。笔记本不只是记上课老师讲的，还要作一些读书摘记，自己在作业中发现的好题、好的解法也要记在笔记本上，就是同学们常说的“好题本”。辛辛苦苦建立起来的笔记本要进行编号，以后要经常看，要能做到爱不释手，终生保存。

（六）学习资料

学习资料要保存好，作好分类工作，还要作好记号。学习资料包括练习题、试卷、实验报告等。作记号，比方说对练习题吧，一般题不作记号，好题、有价值的题、易错的题，分别作不同的记号，以备今后阅读，作记号可以节省不少时间。

（七）保证时间

时间是宝贵的，没有了时间就什么也来不及做了，所以要注意充分利用时间，而利用时间是一门非常高超的艺术。比方说，可以利用“回忆”的学习方法以节省时间，睡觉前、等车时、走在路上等时间，我们可以把当天讲的课一节一节地回忆，这样重复地再学一次，能达到强化的目的。物理题有的比较难，有的题可能是在散步时想到它的解法的。学习物理的人脑子里会经常有几道做不出来的题贮存着，念念不忘，不知何时会有所突破，找到问题的答案。

（八）向别人学习

要虚心向别人学习，向同学们学习，向周围的人学习，看人家是怎样学习的，经常与他们进行“学术上”的交流，互教互学，共同提高，千万不能自以为是。也不能保守，有了好方法要告诉别人，这样别人有了好方法也会告诉你。在学习方面要有几个好朋友。

（九）重视知识结构

要重视知识结构，要系统地掌握好知识结构，这样才能把零散的知识系统起来。大到整个物理的知识结构，小到力学的知识结构，甚至具体到章节。

（十）扎实的数学基本功

物理的计算要依靠数学，对学物理来说数学太重要了。没有数学这个计算工具物理学是寸步难行的。大学里物理系的数学课与物理课是并重的。要学好数学，利用好数学这个强有力的工具。

（十一）注重体育活动

健康的身体是学习好的保证，旺盛的精力是学习高效率的保证。要经常参加体育活动，要会一两种锻炼身体的方法，要终生参加体育活动，不能间断，仅由兴趣出发三天打鱼两天晒网地搞体育活动，对身体不会有太大好处。要自觉地、有意识地去锻炼身体。要保证充足的睡眠，不能以减少睡觉的时间去增加学习的时间，这种办法不可取。不能以透支健康为代价去换取一点好成绩，不能动不动就讲所谓的“冲刺”“拼搏”，学习也要讲究规律性，也就是说总是努力，不搞突击。

同学们，科学的学习方法，再加上努力的学习，相信你一定会学好物理!学习成功的秘诀是“苦干+巧干，时间+汗水”。

如何学好化学

化学是一门研究物质的组成、结构、性质以及变化规律的基础自然学科，掌握和应用化学科学，对于工农业生产、科技、能源、社会、环境及人类的生活都起着十分重要的作用。那么，怎样才能学好化学呢？

一、理解双基，掌握化学用语

所谓“双基”即指化学基本概念和基本理论，是化学基础知识的重要组成部分，也是学好化学的基础。它们一般都是用简明精炼的词句表达出来，具有一定的科学性、严密性和逻辑性。学习时不要只局限于熟记，要善于抓住其中的关键“字”“词”，准确无误地去理解。如催化剂概念的关键词为“能改变”“反应前后”“质量和化学性质”“不变”；质量守恒定律重点理解“参加反应”“质量总和”“相等”，抓住“三个守恒”（元素、原子、质量）。对双基不仅要正确理解，更重要的是应用。所谓“化学用语”是指化学科学在交流、描述及表达物质变化过程中常用到的一些化学术语，如元素符号、化学式、化学方程式等，要能熟练掌握，灵活运用。

二、立足结构，了解物质性质

化学研究的对象是物质，物质的组成和结构决定了物质的性质，而物质的性质又制约了物质的存在方式、制法和用途。因此在学习元素化合物性质时，应抓住其结构来了解物质性质。如学习氧气时，须思考：氧气是由许多氧分子组成的，而一个氧分子又是由二个氧原子构成的，氧原子最外层 6 个电子，易得电子，所以氧气的化学性质较活泼，许多物质在常温、点燃或加热时均能与氧气发生化学变化且放出大量的热。在学习了许多物质后，要善于将相关物质构建成知识网络，使知识条理化，以便于牢固掌握。

三、重视实验，培养动手能力

化学是以实验为基础的自然学科。在研究元素化合物的有关化学性质，进行物质的分离与提纯、鉴别与鉴定等定性、定量分析时，一般都要以实验为手段加以验证或探究完成而得出结论，因此要学好化学必须重视实验。从简单的常用仪器的使用、基本操作的训练到复杂实验的设计都要认真操作、大胆试验。在设计实验时要做到科学合理，即装置简单、操作方便、程序合理、现象明显。对老师在课堂上的演示实验要细心观察、积极思考，掌握实验的原理、步骤、现象和要领，课本中安排的学生实验和家庭实验是培养动手能力的最好机会，要积极参与、认真去做。

四、注重学法，提高学习效果

初三化学是启蒙化学，基础知识点多而杂，随着知识的积累，有些学生会因学习方法不当而导致化学成绩下滑甚至产生厌学情绪。因此学好化学必须注重学法，提高学习效果。常见的有效学法有：

（1）对偶知识对比记。如化合与分解、氧化与还原等。

（2）物质性质网络记。如对含碳元素的相关物质可构建碳链知识网络系统记忆。

（3）类似知识归类记。如 H_2 和 CO 的性质，H_2 和 CO_2 的制备装置等。

（4）化学用语分散记。如元素、原子、分子、化合价、化学式及化学方程式等按知识阶梯分散到各章节记忆。

（5）交叉知识切入点记。如“物化”知识切入点为密度、压强、浮力、重力、杠杆原理、电学等；“生化”知识切入点为光合作用、呼吸作用、温室效应、臭氧空洞、赤潮现象等。

五、及时反馈，精练习题

学完每一章节要及时巩固所学知识，检查学习上的薄弱环节，适当选做一些经典习题，但必须克服盲目做题而陷入题海。在做题时不要只就题论题，要尽量拓展思维。如在做计算题时，注意精选一些与日常生活相联系、与探究性学习相结合的好题。在解法上尽量一题多解、一题多变或寻求一解多题规律，培养分析问题、解决问题和创造性学习的能力。

六、拓展知识，阅读课外读物

为了拓展知识视野、归纳知识内容、提高解题技巧和掌握解题方法，订一份质量高、导向性准、实用性强的同步辅导材料很有必要。如《中学生理化报》设有学法指导、知识归纳、概念辨析、解题技巧、章节训练、竞赛辅导、趣味化学、生活化学及科技动态等栏目，是教与学的良师益友，值得一读。

如何学好历史

一、历史学习：似易而实难

1.难在记忆——内容繁多，难理头绪，记不住，容易忘。

（1）具体对策：硬背不如巧记，贵在每日坚持，切忌考前突击。

（2）实用举例：①奇数法记年代：1911 年辛亥革命；1913 年二次革命；1915 年反袁斗争和新文化运动；1917 年张勋复辟；1919 年五四运动；1921 年中共成立。

②中外史对比法：1939—1945 年“二战”（世界反法西斯战争）、中国抗日战争。

③因果推导法：市场（根本）—走私鸦片—销烟（直接）—鸦片战争。

④浓缩转化法：戊戌变法——“变”（政治：君主立宪；经济：发展资本主义）。

2.难在答题——题能看懂，答案难做，容易失分。

（1）具体对策：“一看”，看清分值，把握得分点，做到心中有数；

“二找”，按照题意，回归课本，找到相关知识点；

“三规范”，答题语言规范化是最容易忽略的问题。

（2）实用举例：2007 年太原市中考《文综卷·历史部分》的三道题目解析。

①列举：周恩来在新民主主义革命时期的三件事：

1927 年：领导南昌起义；1935 年：参加遵义会议，支持毛泽东的正确主张；1936 年：和平解决西安事变。

叙述要简单、准确。

②材料解析：大国崛起的共同原因。

将材料中的语句加以概括和转化出对内改革（依据国情选择发

展道路)、对外学习借鉴他国经验两方面即可，不要直接摘抄。

20 世纪最后 30 年的时代特征。

应包含政治（总趋势——和平与发展，国际关系特点——美苏争霸到多极化)、经济（知识经济、全球化、一体化和区域集团化)、科技（高科技为主、第三次科技革命)、思想文化（多元化)。

3.难在复习——书有几本，题海无边，难以入手，效率不高。

（1）具体对策：文明史，历史复习的新角度;

专题化，历史考试的总趋势;

重基础，体现基本能力要求;

重现实，适度结合热点命题。

（2）实用举例：①2007 年高考的一道选择题引发的争议;

谥号、庙号、帝号、年号的差别——文科更注重积累。

②《大国崛起》热映引发的出题热;

从整体设问：共同原因、经验、共同目标、启示等;

从单个国家设问：如日本崛起的原因和影响（启示);

关系：个别原因已包含了共同原因。

③文明史观在命题中的体现和做题的要求。

农耕文明——工业文明，命题更关注影响人类文明进程的大事件，如生产工具变革、三次工业革命等。

二、历史解题：公式化模式+发散思维

①原因=根本原因（根源）+具体原因+直接原因（最直接的称导火线)

内部原因（自己的）+外部原因（对方的和环境的)

主要原因+次要原因

主观原因+客观原因

经济原因+政治原因+思想原因+军事原因

如：鸦片战争爆发的原因、抗日战争爆发的原因、中国共产党成立的原因。

②背景=原因（为什么）+条件（有什么)

如：开辟新航路的背景

③意义=国内意义+国际意义

如：抗日战争胜利的意义，中华人民共和国成立的意义。

④影响=正面影响+负面影响

对自身的影响+对他人的影响

⑤评价人和事的方法:既要看到成绩，更要看到问题；

既要看到进步，更要看到局限。

附：细化历史公式全套

一、历史背景、原因和目的

1.历史背景=（国内+国际）（经济+政治+文化+……）。

（1）经济背景=生产力+生产关系+经济结构+经济格局+……

（2）政治背景=政局+制度+体制+政策+阶级+民族+外交+军事+……

（3）文化背景=思想、宗教+科技+教育+……

如：鸦片战争背景：

（一）国内：1.经济：自然经济+资本主义萌芽+土地集中。2.政治：①腐败：官场+军队+财政；②阶级矛盾。3.思想：愚昧自大。

（二）国际：1.经济：工业革命→市场原料。2.政治：资本主义扩张。

2.历史条件：与背景分析基本相同，更侧重于有利因素。

如十月革命的历史条件：（1）国内：①经济：资本主义发展到垄断，相对落后、生活贫困；②政治：沙皇专制、无产阶级壮大、革命政党成熟、力量对比变化等；③思想：列宁主义指导。（2）国际：帝国主义忙于一战等。

3.原因广度：原因=主观（内因）+客观（外因）。

（1）主观原因：事件发起、参与者内在经济、政治、思想诸方面因素。

（2）客观原因：自然、社会环境、外在各方面经济、政治、思想因素等。

原因广度与背景分析方法基本相同，背景侧重于静态分析，原因更侧重于动态分析。如美国独立战争的原因广度分析：（1）内因：①经济：资本主义经济发展、统一的市场等；②政治：美利坚民族形成、资产阶级、种植园主阶级形成等；③文化：统一的文化、民族意识觉醒等。（2）外因：①英国的经济掠夺和政治压迫；②启蒙思想的影响等。

4.原因深度：原因：→直接→主要→根本。

（1）直接原因：最直接引发事件的偶然性因素（导火线、借口等）。

（2）主要原因：包括引发事件的主观、客观各方面重要因素。

（3）根本原因：历史趋势（生产力发展、时代要求）+主观需要等。

三者既有层次区别，又有联系渗透，如“五四”运动爆发的直接原因是巴黎和会上中国外交失败；主要原因涉及当时国内外各种矛盾，包括帝国主义侵略、北洋军阀黑暗统治、民族资本主义发展、无产阶级壮大、十月革命影响、马克思主义传播等因素；根本原因则是主要原因中最深层的因素。

5.矛盾分析：生产力与生产关系的矛盾、经济基础与上层建筑的矛盾、阶级矛盾、阶级内部矛盾、民族矛盾、宗教矛盾、不同利益集团的矛盾……

6.目的、动机：→直接→主要→根本。

（1）直接动机：解决当前面临的种种危机或问题。

（2）主要目的：实现某一方面目标，求得稳定和发展等。

（3）根本目的：建立或巩固统治，维护统治阶级的利益（根本利益）。

目的、动机属于主观方面的原因，是事件发动者的主观意愿。如王安石变法：直接动机是解决面临的社会危机；主要目的是增加财政收入，缓和阶级矛盾，实现富国强兵等；根本目的是巩固封建统治。

二、历史内容=经济+政治+文化+……

历史内容即客观历史，是人类重大历史活动的客观记载。活动的主体包括重要历史人物、群体、组织、机构等。活动内容包括经济政治方面的事件、事态、制度、政策、纲领、路线、计划、条约；文化方面的理论、技术、文物器具、工程建筑、书籍文献等。一般历史内容，可从经济、政治、文化诸方面分析。

1.经济内容：生产力+生产关系+经济结构、布局+……

（1）古代经济=经济制度＋经济政策+（农业+手工业+商业）+经济结构、布局+……

①经济政策=总政策+土地+租税+赋役+人身+……

②农业经济=人口+土地+工具+水利+作物+布局+……

③手工业经济=（纺织+矿冶+陶瓷+……）（技术+布局+……）

④商品经济=城市+交通+商品+市场+货币+边贸+外贸+……

⑤经济结构、布局=经济成分比例变化+经济重心变化+经济方式扩展+……

古代经济的一般分析方法，是先分析各时期经济政策的调整，再从农业、手工业、商业各方面分析经济发展情况。如唐朝经济：先分析总体的重农政策，唐初恢复经济的措施，如均田制、租佣调制等；再分析农业如生产工具的改进、兴修水利、开垦荒地、粮食布帛、人口增长等；手工业的丝织、陶瓷、造纸技术及布局；城市商业的繁荣、民族、对外贸易的发展等。从总体发展情况分析，商品经济仍然微弱，南北经济趋于平衡，封建生产方式向边疆扩展等。

（2）近现代经济=经济发展要素+经济成分+国际经济+……

① 经济发展要素=技术+资金+市场+原料+劳力+经济结构+经营方式+政策+……

如 19 世纪后半期美国经济发展要素包括：移民带来劳力、技术；西部开发提供市场、原料；废除种植园奴隶制、大规模农业经营、垄断模式等。

②经济成分=自然经济+外资+合资+民资+官资+国营+集体+个

体+……

如新中国成立初期：地主经济被消灭、富农经济保存、农民个体经济发展；帝国主义在华企业、官僚资本被没收，民族资本主义恢复发展；国营企业确立领导地位、集体协作经济兴起等。

③国际经济=总格局+（生产+管理+资本+技术+市场+关税）（协作+竞争）

如当代世界经济格局的多极化、经济区域集团化、全球现代化趋势；具体表现为各国、各集团之间在生产、管理、资本、技术、市场、关税贸易等方面的协作与竞争等。

2.政治内容=制度+体制+政策+阶级+民族+外交+军事+……

（1）古代政治=政局+制度+中央+地方+阶级+军事+财政+民族+对外+……

如明清政治：包括统一的多民族封建国家的巩固、封建制度的衰落、君主专制的强化、统治阶级内部矛盾、阶级矛盾、民族关系、对外关系等。

（2）近现代政治=政局+制度+政体+体制+政权+政治力量+权力+权利+……

如辛亥革命后的政治状况：包括政局的动荡、确立共和政体、三权分立的体制，袁世凯篡权、各派政治力量争夺权力的斗争、人民的基本权利问题等。

（3）国际政治=体系+格局+集团+合作+战争+对抗+妥协+……

如雅尔塔体系下的两极格局、两大集团的对抗与妥协、集团内部的合作与矛盾、冷战与热战等。

3.文化内容=自然科学+社会科学+文化交流+……

（1）自然科学=（科学理论+科技发明）（天文+地理+数学+物理+化学+生物+医学+农学+……）

（2）社会科学=思想、宗教+教育+史学+文学+艺术+……

（3）文化交流=（民族+对外）（传播+吸收）+文化地位+……

4.事件、事态过程：准备→开始→发展或曲折→成功或失败。

事件是指人们在短时段内进行的具有突发性、间断性的历史活动，如：西安事变、法国大革命、二战等。事态则是指人们在较长时段内从事的具有常规性、持续性的历史活动，如：百家争鸣、洋务运动、工业革命等。对事件、事态过程的分析要先按活动发展顺序、再分活动领域进行。

三、历史影响、意义和教训

1.性质分析：任务+领导阶级+主力+手段+结果……

如辛亥革命性质分析：任务是反帝反封建，在中国独立发展资本主义；由资产阶级领导，具有一定群众基础，采取暴力革命手段；结果推翻了封建帝制，建立了共和国，却被袁世凯篡夺胜利果实，没有改变中国社会性质。由此可以分析辛亥革命是一场不完全成功的资产阶级民族民主革命。

2.影响或意义=（国内+国际）（经济+政治+文化）+深远影响……

（1）经济影响=生产力+生产关系+经济结构+经济格局+……

如第三次工业革命影响：极大提高社会生产力；促进国家垄断资本主义发展；第三产业比重上升；世界经济格局多极化等。

（2）政治影响=格局+制度+体制+政权+政策+阶级+民族+……

如十月革命的影响：改变世界政治格局；建立社会主义制度；实现无产阶级专政；鼓舞世界无产阶级革命和民族解放运动；标志着世界现代史的开端等。

（3）文化影响=思想+科技+教育+文学艺术+……

如两次鸦片战争的文化影响：“西学东渐”、产生“中体西用”思想、引进西方近代科学技术、发展近代教育、爱国主义文学兴起等。

3.判断成败及原因

（1）判断成败依据：→直接目标→主要任务→根本任务。

（2）成败原因=（主观+客观）（经济+政治+军事+策略+……）。

（3）成败根源=（社会条件+阶级本质）（进步/局限）。

如分析辛亥革命成败：从推翻清朝统治、结束封建君主专制的直接目标看，取得了成功；从改变半殖民地、半封建社会这一根本任务看，它并没有达到。从成功原因分析：包括革命派的前赴后继精神、满清政府的孤立、各派政治力量的配合等。从失败根源分析：包括中国半殖民地、半封建社会的历史局限和民族资产阶级本身的阶级局限性。

4.经验教训或启示：（经验+教训）→启示。

（1）政治=国情+领导+群众+武装+民主+法制+思想+策略+……

如第一次国共合作：从经验看，国共两党可以合作，也取得一定成果。从教训看，必须掌握领导权和武装。由此得到启示是合作要以斗争求团结……

（2）经济=生产力+生产关系+客观规律+发展战略+……

如社会主义经济建设的经验教训：要正确认识社会主义初级阶段生产力水平现状，生产关系调整要适应生产力发展，要遵循客观经济规律，注意综合平衡和可持续发展，宏观调控与市场竞争结合……

（3）文化=批判+改造+继承+发展+……

如马克思主义必须同中国具体国情相结合，在革命或建设实践探索中不断的发展等。

5.历史评价=（积极因素+消极因素）史实+结论。

（1）人物评价=属性+事迹+影响（进步+局限）+结论+……

如评价李鸿章：首先是其身份属性即地主阶级洋务派代表人物；接着按时间顺序阐述其在洋务运动、镇压太平天国、中法、中日战争的具体事迹；对其积极和消极影响进行一分为二的分析，最后得出全面的结论。

（2）事件、事态评价=概况+性质特点+影响（进步/反动+正义/非义）+结论…

如何学好政治

一、基础知识的复习和整理

对于即将进入紧张复习阶段的学生来说，巩固所学知识，提高学习成绩的方法是多种多样的，其中进行综合复习也不失为一种好方法。

（一）列表对比法

运用列表或图示，可以概括总结所学的知识，了解并揭示新旧知识的联系和区别，以使同中求异，异中求同，使知识之间的联系与区别更加清楚，并从中受到启示。比如，在对“三次科技革命”的复习过程中，分别对每次科技革命的兴起时间、主要标志、对生产力的影响、对生产关系的影响进行对比。并通过对比，尤其是对生产力发展的影响，我们从中受到启示：科学技术是第一生产力，科技进步是经济发展的决定性因素。因此，国家在实施可持续发展战略的同时，实施科教兴国战略，把加速科技进步放在经济社会发展的关键地位，使经济建设真正转到依靠科技进步和提高劳动者素质的轨道上来。作为跨世纪的青年一代，应抓住机调，把握时机，胜任时代赋予我们的责任。

运用这种复习方法还可将“阶级社会剥削方法”“五种社会生产关系的特点”“阶级社会里国家的本质和主要矛盾”等列表比较，同样可以收到良好的效果，同学们可以自己归纳后列成表格。

（二）扩散对比法

通过一年的学习，你肯定发现部分知识的理解，可扩散到类似的知识身上。例如，在复习“在阶级社会里，国家是阶级统治的工具，这是国家的本质。那国家是统治阶级统治被统治阶级的工具”时，可以扩散到各个阶级社会国家的本质是什么，即奴隶制国家的本质是奴隶主阶级统治奴隶阶级的工具；封建国家是地主阶级统治农民阶级，压迫农民阶级的工具；资本主义国家是资产阶级统治工人阶级和广大劳动人民的工具。另外，复习“生产资料归谁所有是生产关系的基础”时，又可扩散到五种社会形态的生产关系的基础，即原始社会生产关系的基础是生产资料归集体所有；奴隶社会生产关系的基础是奴隶主占有生产资料并完全占有奴隶，封建社会生产关系的基础是地主阶级占有绝大多数土地，资本主义社会生产关系的基础是资本家占有生产资料，工人没有任何生产资料；社会主义社会的生产关系的基础是劳动者共同占有生产资料。通过第一种扩散对比法使你明白奴隶主阶级、地主阶级、资产阶级（即资本家）是该社会的统治阶级，奴隶阶级、农民阶级、工人阶级是该社会 的被统治阶级。他们之间的对立斗争就是该社会的主要矛盾。

（三）归纳浓缩法

这种复习方法是通过把知识进行归纳概括或浓缩整理，使知识条理化、简单化，以便梳理及记忆。例如，在复习人类社会的发展基本常识时，把内容浓缩整理为：“一、二、三、 四、五”，即一条规律（或原理）：生产关系一定要适应生产力发展的规律（或原理）。一个根本标准：生产关系是适应生产力发展的要求，是衡量社会进步与否的根本标准（三个有利于的标准）。两部历史：人类社会发展的历史；中国社会发展的历史。两个必然：资本主义必然灭亡，社会主义必然胜利。三个建设：建设有中国特色社会主义的经济、政治、文化。四个关系：生产力与生产关系之间的关系；人类社会发展的一般过程和特殊过程的关系，依法治国与以德治国的关系；“一个中心、两个基本点之间的关系。四个主要方面的内容：生产力、生产关系，社会主义初级阶段基本国情，党的基本路线。五种社会形态：原始社会、奴隶社会、封建社会、资本主义社会、社会主义社会和共产主义社会。这样初三思想政治课的基本常识便轻松地“印”在你的脑海里了。另外，你还可以把课文中相关的基础知识归纳起来，加以记忆。如：“第一”“最”“基本”“本质”“标志”等。另外，你可以通过以上三种复习方法发现：生产力和生产关系的内容贯穿于每一方法里，因为生产力与生产关系的相互关系和相互作用是初三《思想政治》教材的一条主线。因此，你还可在整个复习过程中，从不同的角度、不同的层面把握这条主线，这就抓住了全部课程的关系，掌握了全部内容。

同样，在复习过程中，除掌握这些方法外，最关键是应结合自己的实际情况，探索出适合自身特点的复习方法。俗语有云：学无定法，贵在得法。只有在复习过程中使自己学得轻松、学得愉快、学得兴趣，才是最佳的复习方法

二、开放性试题的解题思路及注意事项

自从试行初中政治开卷考以来，很多同学走进了学习思想政治这门课的误区，主要表现在以下几个方面：

（一）认为开卷考即为不用看政治书了

很多同学认为政治只要上课认真听就足够了，课后花很少时间或者不花时间在政治学习中。其实，政治课同其他课程一样，虽然是开卷考，但如果不花时间去复习和学习（比如书本上的黑体字是必须识记、理解和背诵的），同样考不出好成绩来。从平常考试中可以发现，上课认真听和肯花时间温习政治课程的同学明显成绩会更好。

（二）认为开卷考资料越多越好

实行开卷考，客观地说资料越多，碰到的题型越多，对考试确实越有利。但是，有的同学盲目地把资料当成救命草，东买西买，东借西借，每每考一次试下来，就在研究这一题是××书上有的，那一题是××书上有的。相反地，课本上的知识不去问津和理解。殊不知，那些题型和内容百分之八十以上是课本上的知识演变过来的习题，脱离不了课本。

教学大纲一再强调，考试题目不能脱离教材，不能出偏题、难题、怪题，要重视考察学生的理解能力、思维能力、分析能力等，近年来更加注重考察学生的探究和实践。重视学生把课本知识运用到学习、生活中去，即学以致用、勤于思考、学会联系等。盲目地

购买资料，势必造成学习思路杂乱，课本上的知识不能系统地、有条理地掌握，反而会给考试过程带来困难。

比如有的同学不能很好审题、理解题，只会想着用某书的答案来解答题目，很容易答错、答偏、答案不全面。有时也许能抄出个好成绩来。那也只是一时侥幸，中考题目不可能会出现一样的题目的，这一点有的学生还没弄明白。

实行政治开卷考，资料当然成为我们考试的有利武器。但是需要平时对资料的了解和积累，而不是等到考试的时候才知道左翻右翻。对中学生来说，有两三本可用的辅导书就行了。市场上很多辅导书是大同小异的。

（三）认为开卷题目很难答全，有点惧怕心理

一些学生反映：现在政治开卷考灵活性太强，答案很难把握！一方面，开卷考的题目确实比较灵活，分析题的答案大都不是唯一的，有时甚至同一道题，不同的辅导书有不同的答案。

例如，西部大开发是今年乃至今后一个时期我国政治经济的热点问题，可以联系课本知识也较多。根据材料，本题可以运用社会主义本质、共同富裕、创业精神、当代青年崇高使命以及可持续发展战略等知识去论述，但关键是有所侧重，有独到见解并注意联系自身责任。此外，就如何进行西部大开发问题，提出一个科学合理的建议。如有人提出在南方种牧草，加工后运往西部，解决西部地区春季牧草问题，既可保护草原生态环境，控制土地荒漠化，又可发展南方经济，不失为一个好主意。

总之，由于开放性试题所涉及的知识一般跨度大，综合性强，所以你在答题时，应注意学科内知识的综合和多学科间的渗透，冷静思考，理清路子，把握方向，从容应答，就一定能够答好。

一些同学在做题的时候不加思考就盲目翻书，考试时要么时间不够，要么答非所问离题千里，造成政治科难考优秀的局面。我认为，在解答开放性试题时应坚持三步走：第一步，审题，理解题意，找到材料与课本知识的结合点，这是答题的前提和关键。第二步，查找有关资料及组织观点（最好在草稿里简单罗列观点）。第三步，做答，要求观点条理清晰，书写字迹工整（具体问题具体分析，对于简答题可以简，对于分析说明和论述要详）。

以上方法，如在平时的学习中加以应用，相信政治会成为你的优秀科目。

学会学习、快乐成长

初三年级，在人生的学业生涯中是一个重要的时期，也是广大青少年学生第一次为了一个具体的学业目标而努力奋斗的阶段。在此阶段所形成的良好习惯、认真态度、严谨作风、科学方法、进取意识、坚毅品质、自主精神等，无论对于初三学业目标的达成，还是对于今后几十年的工作、生活来说，都是一笔取之不尽、用之不竭的巨大财富。

在此，根据众多教师和优秀同学的有益经验进行总结，就初三年级的学习方法、习惯与心态等方面，提出以下几点建议：

一、确定目标，誓不动摇

你是否经常思考或理解以下问题：

目标有长远、中期、近期目标，你的近期目标是：达到班级、年级什么位置？超越哪位同学？还是中考进入哪所学校？

你对自身的学习能力是否怀疑？是从不怀疑、偶尔怀疑、时常怀疑，还是根本怀疑？

你是否坚信：奋斗就有可能，而放弃连“可能”都根本没有？

你对实现此目标决心的坚定性到底有多大？

虽经努力，但学业或停滞不前，或起伏不定甚至退步时，你是否会畏首畏尾、朝三暮四？

一旦确定目标，你能否义无反顾，面对任何困难，思想和行动上都不动摇？

你是否意识到：“确定目标，誓不动摇”这一点对今后一生的学习、工作、生活都有重要意义？

有目标，就得有规划；实现人生目标的历程，就是一步步完成人生具体规划的过程！

国家发展需要规划，城市建设需要规划，学校进步需要规划，同样，每个人的人生也需要规划，需要在人生每一个关键节点、转折节点、奋斗节点设置目标，努力实现！

二、按部就班，张弛有道

学习最重要的两大环节：

在校课堂听讲——凝神聚气，专注思考，适时笔记，跟上节奏。

在家课后复习（含作业）——明确目标、学前计划；脚脚生根，步步为营。

课堂主要有四类：

早读课——积少成多，争分夺秒；

正式课——紧跟节奏，勤于思考；

自习课——自觉自律，决不逍遥；

辅导课——拾遗补缺，重在提高。

学习讲究劳逸结合，张弛有道：

周末、节假日时间或联考之后——每次可安排几小时锻炼身体，放松大脑。

晚自习时间——仿照在校上课，每学习四、五十分钟，休息十分钟。

或每完成一项学习任务，休息十分钟。

“张弛有道”要点：“张”有“张样”——心无旁骛，重在实效。

“弛”有“弛法”——控制时限，放松眼脑。

三、积聚点滴、基础打牢

每期每生在校时间实不长，稍纵即逝悔难当，请算一下细账：

早读：30 分钟/天 ×220 天/年 =6 600 分钟。

晚自习：3 小时/天 ×220 天/年 =660 小时，合 39 600 分钟。

单词：10 个/天 ×220 天/年 =2 200 个。

习题：7 道题/天 ×220 天/年 =1 540 道题。

题型：1 种题型/天 ×220 天/年 =220 种题型。

锻炼：1 000 米/天 ×220 天/年 =220 000 米，合 220 千米。

……

正常试卷构成：60% 基础题 +20% 稍难题 +20% 较难题。

后 40% 稍难、较难题也由基本概念、基本公式、基本知识组合而成。

难题与易题本质区别在于：组成题型的基础知识点是“多”，还是“少”，以及多个知识点组合方式有所不同。

假设：将航天飞机或原子弹零件和知识做最大程度分解，在理论上，一群意志坚定的文盲是可以制造的。

试想：地球上几千万千米的公路、铁路、河堤，几十亿座各式房屋、桥梁、工厂等建筑，几百亿件电器、车辆、飞机等设备，就是人类几千年来，甚至几十年间，仅凭双手和智慧点滴汇集、不懈创造而来。

四、不惧薄弱，恒不能少

解决薄弱“跛腿”学科问题，须注意以下几点：

1.“不害怕，不泄气”是前提。许多历届初三学生的经历证明，三个月甚至更短的时间内，只要努力坚持，完全有可能解决学科跛腿问题，甚至使之成为自己的优势学科。

2.“制订复习方案，化整为零，天天见面”是最好的方法。

确定“周计划”和“月计划”——确定复习对象：教材？资料？试卷？笔记？——确定每天一小时左右专门复习此学科——天天如此，决不动摇。

3.“12 小时时限”解决疑难问题。对于自己经认真思考无法解决的问题，有决心做到：当天课堂疑惑，务必当天求助教师同学解决；当天晚自习疑惑，务必第二天放学前求助教师同学解决。

五、独立钻研，大胆请教

“学而不思则罔，思而不学则殆”，没有“思考”，没有“钻研”的学习，不能称为真正的学习；“思而有惑，惑而不解”，同样不能称为真正的学习。

一名学习成绩优秀的同学，或一名正处在上升态势的同学，总是拥有“钻研”和“请教”两件法宝。必须坚信：没有解决不了的问题，只有“不肯钻”“不肯问”才导致解决不了的问题。

两大忌讳：

1、对一问题，未经仔细思考，认真钻研，题目没读几遍，就立马问人，或草草了事。

2、对一问题，经思考，经钻研，自己无法解决，然后就弃之不管，听之任之；不问人，不请教，草草了事。

两点方法：

1.学习时，认真钻研一道题目的时限一般为 20 或 30 分钟，时间过多，可能会影响其他作业或学科的学习。

2.在求学、请教问题上，性格的内向、外向不是问题。若是真的想学，又怕问老师，可以在心里暗暗鼓励自己：每天请教一个问题，或每周请教三个问题。也可用个小本记录下来，坚持下去。

六、力除杂念，勇克干扰

任何一项活动，如：书法、绘画、武术、音乐、科研等，包括现在的学习，将来的工作，要达到较高境界，或争取上升态势，就必须排除杂念，克服干扰。

对于仍在刻苦学习，但成绩停滞不前或偶有退步的同学，“杂念”大致有以下几种：

1.怀疑自己以往学习基础不牢，觉得时间短暂，欠账太多，无法弥补。

2.怀疑自己智力不够，学习潜力、能力不足，自卑胆怯，妄自菲薄。

3.怀疑自己缺少学习某一学科的脑细胞，天生不是学习这一科的料。

4.相信基础较好，智力较好，但怀疑自己坏习惯改不了，好方法找不到。

5.总是担心同学瞧不起自己，担心别人背后议论自己，忧谗畏讥，人心惶惶。

6.总是怀疑、埋怨老师表面鼓励，实际轻视、放弃自己，瞻前顾后，畏首畏尾。

7.总是埋怨家长“学问不够，帮助不到”“啰嗦太多，鼓励太少”“照顾不周，条件不好”。

8.总是埋怨别人干扰、引诱，耽误自己时间、精力，扰乱自己学习安排。

（网络、游戏、电视、逛街、上课笔聊、漫画小说休闲书籍、吃穿打扮零碎物件、东长西短无聊胡侃等，充斥大脑，执迷成瘾，更属杂念、纷扰，严重干扰学业目标的实现）

……

以上种种杂念，关键词有两个：一是“怀疑”，二是“埋怨”。怀疑自己，怀疑他人；埋怨自己，埋怨他人。最终，让“怀疑”和“埋怨”占据了大脑，浪费了时间，干扰了学习，阻碍了前进！

“世界上最大，也是最可怕的敌人是自己”“战胜别人，首先要战胜自己”“战胜自己”，就是指战胜自己内心深处的“怀疑”“彷徨”“犹豫”“焦灼”“伤感”“沮丧”“恐慌”……等等，停止埋怨自己、埋怨别人，调整情绪，珍爱自我，重绽阳光笑脸，重树“阳光心态”。

七、重点突破，全面提高

“知己知彼，百战百胜”，学业中的“己”，就是指自己学习中基础知识的掌握情况以及解决问题的能力情况；“彼”就是指所学学科以及每个学科的知识构成或题型类别。

如：语文，可分为：基础知识+综合运用+阅读理解+写作能力+书写水平。

物理，可分为：电学、光学、力学……等。

英语，可分为：单词+语法；或分为：听力+词汇+阅读+写作。

若有必要，还可细化，如语文“阅读能力”可分为现代文阅读+文言文阅读；“现代文阅读”又可分为记叙文（含散文）+说明文+议论文（含杂文）等，“文言文阅读”又可分为课内+课外。

（一）具体建议

1.采用表格形式，将中考每一学科完整分解成若干板块（按知识构成，或按题型类别），对自己每一板块评定“优”“良”“弱”等级，化整为零，变模糊为清晰，首先确定复习的重点突破口。

2.为重点学科，或重点知识，或重点题型制订复习方案，做到两个确定：确定“复习资料”+确定“复习时间”。

3.主动寻求家长、教师监督，自我鼓励，持之以恒，坚持到底，决不放弃。

（二）确定重点（学科、知识或题型）的意义

1.增强复习的针对性、有效性，防止眉毛胡子一把抓，浪费时间与精力。

2.重点或薄弱学科知识的改善和提高，有助于增强学习兴趣、信心，必然能够促进所有学科的全面再次提升。

八、善于总结，归纳纲要

（一）学会“总结”“归纳”的意义

1.将书本“变厚为薄”，将知识“化零为整”，增强知识的系统性，有助于知识的融会贯通，增强应用的灵活性。

2.变“若干题若干解”为“同类题一次解”， 同类题“解法规律”的总结、归纳有助于避免题海战术，节约时间，提高效率。

3.经常性进行总结、归纳工作，有利于发现习题或事物的内部规律，更有利于培养触类旁通、举一反三的良好思维。

（二）总结工作的类型与方法

1.学习总结：每晚休息前，简要总结一天（含课堂和晚自习）的学习得失；每周日晚，简要总结本周的学习得失；期中、期末分别进行一次周详的阶段总结（也可以月为单位）。

2.知识总结：每课结束后，最好能在书上列几条知识提纲；每学完一章节，都须将整章节内容融会贯通、整体把握一两遍。

3.题后总结：一道题解答的完整过程应有四部分，即“审题”“答题”“检查”“总结”。极重要而最易被忽略的就是“题后总结”。

“题后总结”最重要的工作是：将此题与曾经做过的同类型题目进行归纳汇总，总结出共同的解题方法、规律。长此以往，同类题目解答就会触类旁通、轻松自如。

4.考试总结： 每次测验或联考后，深入总结两方面内容：一是平时复习的全面性和扎实性如何；二是考场审题、解题的经验、教训。

九、谨慎审题，细心答好

严谨的“审题”是高质量完成习题和试题的必需前提。

严谨的“审题”意味着解题成功了一半。

审题中，可能出现的两种不利心态：

一是将题目看得过难，从而产生烦躁、畏惧心理，扰乱正常的解题思维。

二是误以为题目容易，或以前做过，且一模一样，产生麻痹、轻敌思想。

以上两种错误的根结，还是在于没有逐字逐句严谨审题，最终导致误判，甚至出现解答完毕，走出考场都未察觉。

审题优秀同学的几点有益经验：

1.严谨的审题习惯来自于平时作业、练习的锻炼。平时解题粗枝大叶、三心二意，考试前即使再提醒自己，也会犯粗心毛病。

2.无论大题、小题，无论难题、易题，无论已见题、未见题，都必须以同样冷静、谨慎的心态去对待，不畏惧、焦躁，不麻痹、轻敌。

3.严谨审题小技巧：

（1）逐字逐句动唇默念，保证题目中每个汉字、每个单词、每个字母、每个标点、每个符号都经过脑细胞的过滤、反应。

“动唇默念”作用在于减缓速度，防止看题过快，遗漏要点。

“动唇默念”目的在于做到“眼到—口到—心到”，忌“视而不思”。

“动唇默念”应注意“只动唇不出声”，防止考场影响他人。

（2）“常规词”不放过，“关键词”更注意。彻底审清题目有什么要求，有几条要求。

（3）即使再容易的题目，也必须审查两遍或以上；难题则更多。

（4）解题过程中，也应时常回头再看看题目，防止答题不经意间渐渐跑偏

审题水平提高的根本还在于：平时知识的积累、能力的提高、习惯的养成。

人生在于奋斗。没有奋斗的生活，是不完整的生活，是庸庸碌碌的生活，是索然无味的生活。

当我们走完初中历程若干年后，回首思望，有人为碌碌无为而抱憾，有人为尽心奋斗而欣慰。在学业的征途上，初三是人生中第一次奋斗历程，在此，我们是否该鼓起信心的风帆，踏起行动的步伐！请牢记：由此雕刻的记忆也将同样引领我们面对今后学习、工作、生活的征程。

收获成功，这是天道酬勤，这是自己赠予自己的奖赏；经历挫折，也是生活对你的磨炼和考验，决非自我的放弃，更非永远的失败。

奋斗的真谛，不仅在于达成奋斗目标的欣喜、荣耀，更在于奋斗历程的激荡、饱满。同时拥有二者，你是幸运的；只拥有后者，你也是无愧的。

附一

中小学生守则

1.热爱祖国，热爱人民，热爱中国共产党。

2.遵守法律法规，增强法律意识。遵守校规校纪，遵守社会公德。

3.热爱科学，努力学习，勤思好问，乐于探究，积极参加社会实践和有益的活动。

4.珍爱生命，注意安全，锻炼身体，讲究卫生。

5.自尊自爱，自信自强，生活习惯文明健康。

6.积极参加劳动，勤俭朴素，自己能做的事自己做。

7.孝敬父母，尊敬师长，礼貌待人。

8.热爱集体，团结同学，互相帮助，关心他人。

9.诚实守信，言行一致，知错就改，有责任心。

10.热爱大自然，爱护生活环境。

附二

中学生日常行为规范
（修　订）

一、自尊自爱，注重仪表

1.维护国家荣誉，尊敬国旗、国徽，会唱国歌，升降国旗、奏唱国歌时要肃立、脱帽、行注目礼，少先队员行队礼。

2.穿戴整洁、朴素大方，不烫发，不染发，不化妆，不佩戴首饰，男生不留长发，女生不穿高跟鞋。

3.讲究卫生，养成良好的卫生习惯。不随地吐痰，不乱扔废弃物。

4.举止文明，不说脏话，不骂人，不打架，不赌博。不涉足未成年人不宜的活动和场所。

5.情趣健康，不看色情、凶杀、暴力、封建迷信的书刊、音像制品，不听不唱不健康歌曲，不参加迷信活动。

6.爱惜名誉，拾金不昧，抵制不良诱惑，不做有损人格的事。

7.注意安全，防火灾、防溺水、防触电、防盗、防中毒等。

二、诚实守信，礼貌待人

8.平等待人，与人为善。尊重他人的人格、宗教信仰、民族风俗习惯。谦恭礼让，尊老爱幼，帮助残疾人。

9.尊重教职工，见面行礼或主动问好，回答师长问话要起立，给老师提意见态度要诚恳。

10.同学之间互相尊重、团结互助、理解宽容、真诚相待、正常交往，不以大欺小，不欺侮同学，不戏弄他人，发生矛盾多做自我批评。

11.使用礼貌用语，讲话注意场合，态度友善，要讲普通话。接受或递送物品时要起立并用双手。

12.未经允许不进入他人房间、不动用他人物品、不看他人信件和日记。

13.不随意打断他人的讲话，不打扰他人学习工作和休息，妨碍他人要道歉。

14.诚实守信，言行一致，答应他人的事要做到，做不到时表示歉意，借他人钱物要及时归还。不说谎，不骗人，不弄虚作假，知错就改。

15.上、下课时起立向老师致敬，下课时，请老师先行。

三、遵规守纪，勤奋学习

16.按时到校，不迟到，不早退，不旷课。

17.上课专心听讲，勤于思考，积极参加讨论，勇于发表见解。

18.认真预习、复习，主动学习，按时完成作业，考试不作弊。

19.积极参加生产劳动和社会实践，积极参加学校组织的其他活动，遵守活动的要求和规定。

20.认真值日，保持教室、校园整洁优美。不在教室和校园内追逐打闹喧哗，维护学校良好秩序。

21.爱护校舍和公物，不在黑板、墙壁、课桌、布告栏等处乱涂改刻画。借用公物要按时归还，损坏东西要赔偿。

22.遵守宿舍和食堂的制度，爱惜粮食，节约水电，服从管理。

23.正确对待困难和挫折，不自卑，不嫉妒，不偏激，保持心理健康。

四、勤劳俭朴，孝敬父母

24.生活节俭，不互相攀比，不乱花钱。

25.学会料理个人生活，自己的衣物用品收放整齐。

26.生活有规律，按时作息，珍惜时间，合理安排课余生活，坚持锻炼身体。

27.经常与父母交流生活、学习、思想等情况，尊重父母意见和教导。

28.外出和到家时，向父母打招呼，未经家长同意，不得在外住宿或留宿他人。

29.体贴帮助父母长辈，主动承担力所能及的家务劳动，关心照顾兄弟姐妹。

30.对家长有意见要有礼貌地提出，讲道理，不任性，不耍脾气，不顶撞。

31.待客热情，起立迎送。不影响邻里正常生活，邻里有困难时主动关心帮助。

五、严于律己，遵守公德

32.遵守国家法律，不做法律禁止的事。

33.遵守交通法规，不闯红灯，不违章骑车，过马路走人行横道，不跨越隔离栏。

34.遵守公共秩序，乘公共交通工具主动购票，给老、幼、病、残、孕及师长让座，不争抢座位。

35.爱护公用设施、文物古迹，爱护庄稼、花草、树木，爱护有益动物和生态环境。

36.遵守网络道德和安全规定，不浏览、不制作、不传播不良信息，慎交网友，不进入营业性网吧。

37.珍爱生命，不吸烟，不喝酒，不滥用药物，拒绝毒品。不参加各种名目的非法组织，不参加非法活动。

38.公共场所不喧哗，瞻仰烈士陵园等相关场所保持肃穆。

39.观看演出和比赛，不起哄滋扰，做文明观众。

40.见义勇为，敢于斗争，对违反社会公德的行为要进行劝阻，发现违法犯罪行为及时报告。

后　记

安徽省铜陵市第十二中学实施培养学生分层教育工作已经多年，为了总结第十二中学分层教育工作，展示分层教育工作的成果，根据未成年人思想道德教育和素质教育的要求，第十二中学组织编写了这本《初中分层教育活动研究》。

这本书，从开始策划到完成编写，四易其稿，历时近两年时间。这是“十二中”人多年实践探索的结晶，也是参加编写的全体同志积极努力艰辛劳动的结果，我们特向他们表示诚挚的敬意和衷心的感谢！

这本书在编写过程中，受到铜陵市教育局领导的高度重视、关怀和支持，市教育局领导专门为这本书写了序，并对编写内容提出了重要的修改意见和建议。对此，我们表示热忱的谢意。

本书在编写中参考了其他学校和单位相关教育研究的著作和报刊，借鉴了其中的一些研究成果，引用了一些重要论述，未能一一注明出处，特此致谢，并请谅解。

分层教育是我们对初中教育的一种生本思考和实践，有许多问题值得探讨和研究。正由于是探索性的工作，加之我们水平有限，编写时间仓促，书中难免有不足、不妥之处，因此恳请各位教育专家、学者和广大读者给予指正，并提出意见、建议，以便进一步修改和充实。

安徽省铜陵市第十二中学

2010 年 5 月